金刚经
THE DIAMOND SUTRA

THE DIAMOND SUTRA

THE OFFICIAL DIAMOND SUTRA
OF *BEOBRYUN* BUDDHIST PROFESSORS' ASSOCIATION

TRANSLATED BY HYUN CHUN CHO
UNDER THE SUPERVISION OF SUNIM MI-SAN

UNJUSA

The Official Diamond Sutra of Beobryun Buddhist Professors' Association

Translated by Hyun-Chun Cho
under the supervision of Sunim Mi-San

Remarks

1. The chapters are divided into verses. 【2】⑤ means the 5th verse in chapter 2.
2. Anan's words are written in half tone, Subhuti's in normal, and the Buddha's in **boldface**.
3. The Diamond Sutra in Sanskrit was translated into English through logical analysis. Hence, this Sutra is somewhat different from that of Kumarajiva.

【1】 Prologue

①I saw and heard what the Buddha did one day when he was staying at Jeta–Anathapindika's park in Sravasti with 1250 monks and a great company of bodhisattvas: it went as follows.[1] ②Early in the morning, the Buddha put on his robe, took his bowl, entered the city of Sravasti, and begged for food. After taking his meal, he returned to his retreat, put away his robe and bowl, washed his feet, and sat down in the lotus position on the seat arranged for

---

1 **The 5W 1H in psychology**: All sutras should begin with the 5W 1H in psychology which are 1) Who saw and heard/I saw and heard, 2) Who did/the Buddha did, 3) When/one day, 4) Where/at Jeta–Anathapindika's park in Sravasti, 5) with Whom/with 1250 monks and a great company of bodhisattvas, and 6) How/it went as follows. The 5W 1H in common sense are Who, What, When, Where, Why, and How.

him. ③Then the monks approached the Buddha, bowed their heads to his feet, walked round him clockwise three times, and sat down aside.

[2] Protecting and Instructing Bodhisattvas

①In the midst of the assembly, Venerable[2] Subhuti rose from his seat with right shoulder uncovered, knelt upon his right knee with palms placed together, and said to the Buddha with high respect.

②Buddha! Wonderful! It is quite wonderful! The Buddha always protects and instructs bodhisattvas[3] so well! ③Buddha! How should a bodhisattva abide, practice, and control his mind?

---

2 Venerable : honorific title for one with wisdom and felicity.

3 bodhisattva : one who arouses the thought for the utmost right enlightenment.

④Subhuti! Right! You are absolutely right! As you said, the Buddha always protects and instructs bodhisattvas well. ⑤Subhuti! Listen to me! I will tell you how a bodhisattva should abide, practice, and control his mind.

⑥Buddha! We will listen to you. We will listen to you closely.

【3】 Bodhisattva

①Subhuti! A bodhisattva should keep the following in mind: 'I will lead all sattvas[4] – egg-born, womb-born, moisture-born, or transformation-born; with form or without form; with thought, without thought, or neither with thought nor without thought

4 all sattvas : 1) nine kinds of sattvas or 2) twenty four kinds of sattvas.

– to nirvana of perfect happiness and no pain.' ② Thereby leading innumerable sattvas to nirvana, a bodhisattva should not think 'I lead sattvas to nirvana.' ③Subhuti! One who thinks 'I lead sattvas to nirvana' cannot be said to be a bodhisattva. ④One who is bound up with egocentrism · humancentrism · sattvacentrism · biocentrism[5] cannot be said to be a bodhisattva.

---

5 egocentrism · humancentrism · sattvacentrism · biocentrism :
Egocentrism means 'I am the only one that is right and/or valuable.'
Humancentrism means 'Human(including oneself) is the only one that is right and/or valuable.'
Sattvacentrism means 'Sattva(including human) is the only one that is right and/or valuable.'
Biocentrism means 'Living thing(including sattva) is the only one that is right and/or valuable.'

【4】 Making Offerings

① Subhuti! A bodhisattva should make offerings[6] free from anything. ② A bodhisattva should make offerings free from sights · sounds · smells · tastes · touches · dharmas.[7] ③ Subhuti! A bodhisattva should make offerings free from his thought. ④ A bodhisattva who makes offerings free from his thought will be blessed with immeasurable happiness. ⑤ Subhuti! What do you think? Can you measure the extent of space in the east?[8]

⑥ Buddha! No, it is immeasurable.

⑦ Subhuti! Can you measure the extent of space

---

6 **offering**: voluntary giving of 1) materials, 2) fearlessness, or 3) the Dharma.

7 **dharma**: subjective perception.

8 **east**: The order of four directions in Buddhism is east · south · west · north.

in the south, west, north, north–east, south–east, south–west, north–west, down to nadir, and up to zenith?

⑧Buddha! No, it is immeasurable.

⑨Subhuti! If a bodhisattva makes offerings free from his thought, his virtue is also immeasurable. ⑩Subhuti! A bodhisattva should make offerings free from his thought.

[5] Buddha

①Subhuti! What do you think? If one has acquired all the supernatural characteristics of buddha,[9] does it make him a buddha?

②Buddha! No, it does not always make him a buddha.

---

9 the supernatural characteristics of buddha: A buddha is said to possess the 32 supernatural characteristics.

③One who thinks 'I have acquired the supernatural characteristics of buddha' cannot be said to have acquired all the supernatural characteristics of buddha.

④Subhuti!

One who thinks 'I have acquired the supernatural
characteristics of buddha'
cannot be said to be a buddha.
To truly be a buddha, one should not think so,
even though he has acquired all the supernatural
characteristics of buddha.

[6] Believing in the Sutra

①Buddha! Will there be any sattvas who believe in this Sutra in the future period, in the final time, in the final epoch, in the final 500 years when the good doctrine is entirely degenerated?

②Subhuti! Do not think so! One who is wise enough to keep precepts and to cultivate virtue in the future period, in the final time, in the final epoch, in the final 500 years when the good doctrine is entirely degenerated will believe in the Sutra. ③One who sows many seeds of happiness during the lifetime of not only one buddha but also many buddhas will believe in the Sutra. ④Subhuti! The Buddha knows and sees for sure that they will be blessed with immeasurable and incalculable happiness. ⑤They will be free from egocentrism · humancentrism · sattvacentrism · biocentrism. ⑥They will be free from the Dharma without thinking 'I am free from the Dharma.' They will be free from anything without thinking 'I am free from anything.' ⑦One who is bound up with the Dharma can be said to be bound up with egocentrism · humancentrism · sattvacentrism · biocentrism. One who thinks 'I am free from the Dharma' cannot be said to be free from egocentrism · humancentrism · sattvacentrism · biocentrism. ⑧To truly be a bodhisattva, one should not think 'I am free from the Dharma' even though he is free from the Dharma. ⑨Therefore, the Buddha always says: "My teaching should be likened to a raft. You should be free from the Dharma but at the same time should not think 'I am free from the Dharma'."

【7】 Holy Man

①Subhuti! What do you think? Does the Buddha think 'I have attained the utmost right enlightenment?' or 'I preach the Dharma?'

②Buddha! No, to my understanding, the Buddha neither thinks 'I have attained the utmost right enlightenment' nor 'I preach the Dharma.' ③One should not say that the Buddha thinks 'I have attained the utmost right enlightenment' nor 'I preach the Dharma.' ④The Buddha is free from anything without thinking 'I am free from anything.' ⑤A holy man has acquired his position by being free from the thought that 'I have done something.'

【8】 The Sutra and the Utmost Right Enlightenment

①Subhuti! What do you think? If one donates the most valuable treasures equal to 10^{18} worlds, does he cultivate great virtue?

②Buddha! Great virtue! He cultivates really great virtue! But to truly cultivate virtue, one should not think 'I cultivate virtue' even though he cultivates virtue.

③Subhuti! The virtue of accepting, reciting, and preaching just one four-line stanza in the Sutra to others is far greater than the virtue of donating the most valuable treasures equal to 10^{18} worlds. ④Subhuti! The utmost right enlightenment of all buddhas comes from the Sutra. ⑤Subhuti! To truly have attained the utmost right enlightenment, one should not think 'I have attained the utmost right enlightenment' even though he has attained the utmost right enlightenment.

[9] Four Kinds of Holy Man

①Subhuti! What do you think? Does a stream-winner think 'I have acquired the position of stream-winner?'

②Buddha! No, a stream-winner does not think so. A stream-winner is one who has moved out of the secular stream into the holy stream. However, a stream–winner should not think 'I have acquired the position of stream–winner.' To truly be a stream –winner, one should be free from sights · sounds · smells · tastes · touches · dharmas. One who thinks 'I have acquired the position of stream–winner' can be said to be bound up with egocentrism · human–centrism · sattvacentrism · biocentrism.

③Subhuti! What do you think? Does a once–returner think 'I have acquired the position of once–returner?'

④Buddha! No, a once–returner does not think so. A once–returner is one who will be a buddha after returning to this world just one more time. However, to truly be a once–returner, one should not think 'I have acquired the position of once–returner.'

⑤Subhuti! What do you think? Does a never–returner think 'I have acquired the position of never–returner?'

⑥ Buddha! No, a never-returner does not think so. A never-returner is one who will be a buddha without returning to this world anymore. However, to truly be a never-returner, one should not think 'I have acquired the position of never-returner.'

⑦ Subhuti! What do you think? Does a freedom-attainer think 'I have acquired the position of freedom-attainer?'

⑧ Buddha! No, a freedom-attainer does not think so. To truly be a freedom-attainer, one should not think 'I have acquired the position of freedom-attainer.' ⑨ Buddha! One who thinks 'I have acquired the position of freedom-attainer' can be said to be bound up with egocentrism · humancentrism · sattvacentrism · biocentrism. ⑩ Buddha! The Buddha declared to me "Subhuti! You are a freedom-attainer living very peacefully." Therefore, I am a freedom–attainer free from any desire. But I did not think 'I am a freedom–attainer free from any desire.' ⑪ Buddha! If I had thought 'I have acquired the position of freedom–attainer,' the Buddha would not have declared to me "Subhuti! You are a freedom–attainer living very peacefully." ⑫ As I did not think 'I have acquired the position of freedom–attainer,' the Buddha declared to me "Subhuti! You are a freedom–attainer living very peacefully."

【10】 Sublimating the World

① Subhuti! What do you think? Did the Buddha think 'I shall attain the utmost right enlightenment in the next life' when the Buddha was with Buddha Dipankara?

② Buddha! No, the Buddha did not think so.

③Subhuti! What do you think? Does a bodhisattva think 'I sublimate the world?'

④Buddha! No, a bodhisattva does not think so. To truly sublimate the world, one should not think 'I sublimate the world' even though he sublimates the world.

⑤Subhuti! A bodhisattva should develop a pure and lucid mind. A bodhisattva should develop a mind free from sights · sounds · smells · tastes · touches · dharmas. ⑥Subhuti! What do you think? If one has acquired a body as Mountain Sumeru, does it make him great?

⑦Buddha! Great! It makes him really great! But one who thinks 'I am great' cannot be said to be great. ⑧Buddha! To truly be great, one should not think 'I am great' even though he is great.

【11】 The Virtue of Four-Line Stanza

① Subhuti! What do you think? If there are as many Ganges rivers as there are grains of sand along the Ganges, are the grains of sand along those Ganges rivers many?

② Buddha! Many! They are so many! The grains of sand along the Ganges are innumerable, much more so all the grains of sand along those Ganges rivers.

③ Subhuti! What do you think? If one donates the most valuable treasures equal to as many worlds as there are grains of sand along those Ganges rivers, does he cultivate great virtue?

④ Buddha! Great virtue! He cultivates really great virtue!

⑤ Subhuti! Listen to me. The virtue of accepting,

reciting, and preaching just one four-line stanza in the Sutra to others is far greater than the virtue of donating the most valuable treasures equal to as many worlds as there are grains of sand along those Ganges rivers.

【12】 The Virtue of the Sutra

①Subhuti! Wherever just one four-line stanza in the Sutra is preached, gods, humans, and asuras of all realms will make offerings to the place like a buddha shrine. ②There is no need to speak of the virtue of one who accepts, recites, and preaches the Sutra in its entirety to others. ③Subhuti! He will be blessed with immeasurable happiness. ④Wherever there is the Sutra, there will be the Buddha and his excellent disciples.

【13】 How to Retain the Sutra

①Buddha! What is the title of this Sutra? How should we retain it?

②Subhuti! The Sutra is 'the Diamond Prajna[10] Paramita Sutra.' And you should retain it as follows. ③Subhuti! To truly observe the Prajna Paramita, one should not think 'I observe the Prajna Paramita' even though he observes the Prajna Paramita. ④Subhuti! What do you think? Does the Buddha think 'I preach the Dharma?'

⑤Buddha! No, the Buddha does not think so.

⑥Subhuti! What do you think? If 10^{18} worlds were ground into dust, are the particles of dust many?

⑦Buddha! Many! They are so many!

---

10 Prajna : the wisdom which has gone beyond.

⑧Subhuti! To truly see the particles, one should not think 'I see the particles' even though he sees the particles. ⑨To truly see the worlds, one should not think 'I see the worlds' even though he sees the worlds. ⑩Subhuti! What do you think? If one has acquired the 32 characteristics, does it make him a buddha?

⑪Buddha! No, it does not always make him a buddha. ⑫To truly have acquired the 32 characteristics, one should not think 'I have acquired the 32 characteristics' even though he has acquired the 32 characteristics.

⑬Subhuti! The virtue of accepting, reciting, and preaching just one four-line stanza in the Sutra to others is far greater than the virtue of sacrificing himself as many times as there are grains of sand along the Ganges.

[14] Peacefulness

①Hearing the Sutra and understanding its meaning, Subhuti moved to tears and addressed the Buddha.

②Buddha! Wonderful! It is quite wonderful! The Buddha preached the exceedingly profound and sacred Dharma. ③My wisdom eye was opened by your teaching! Never have I heard such a teaching on the Dharma before. ④Buddha! One who hears and accepts the Sutra will be blessed with the quite wonderful happiness. ⑤Buddha! To truly accept the Sutra, one should not think 'I accept the Sutra' even though he accepts the Sutra. ⑥Buddha! It is not difficult for me to accept the Sutra. However, one who accepts, recites, and preaches the Sutra to others in the future period, in the final time, in the final epoch, in the final 500 years when the good doctrine is entirely degenerated will be blessed with the quite wonderful happiness. ⑦They will be free from egocentrism · humancentrism · sattvacentrism · biocentrism. ⑧They will not think 'I am free from egocentrism · human–centrism · sattvacentrism · biocentrism.' ⑨They will be free from anything and will be a buddha.

⑩Subhuti! Right! You are absolutely right! One who is not frightened, nor alarmed, nor terrified on listening to the Sutra will be blessed with the quite wonderful happiness. ⑪Subhuti! To truly observe Paramita very well, one should not think 'I observe Paramita' even though he observes Paramita very well. ⑫Subhuti! To truly observe the Patience Paramita, one should not think 'I observe the Patience Paramita' even though he observes the Patience Paramita. ⑬Subhuti! I was free from egocentrism · humancentrism · sattva–centrism · biocentrism when my body was mutilated by King Kalinga. ⑭If I had been bound up with egocentrism · humancentrism · sattvacentrism · biocentrism, I would have become angry or hated him. ⑮Subhuti! I was free from egocentrism · humancentrism · sattvacentrism · biocentrism when I was practicing the Patience Paramita during the past 500 mortal lives. ⑯Subhuti! To truly have attained the utmost right enlightenment, one should be free from any thought. ⑰A bodhisattva should be free from sights · sounds · smells · tastes · touches · dharmas. ⑱A bodhisattva should not think 'I am free from anything' even though he is free from anything. A bodhisattva should not think 'I am free from anywhere' even though he is free from anywhere. ⑲A bodhisattva should make offerings free from sights · sounds · smells · tastes · touches · dharmas. Subhuti! A bodhisattva should make offerings for all sattvas' happiness. ⑳Subhuti! To truly make offerings for all sattvas' happiness, one should not think 'I make offerings for all sattvas' happiness' even though he makes offerings for all sattvas' happiness. ㉑ Subhuti! The Buddha says only what is true, what is factual, and what is as it is. The Buddha does not say what is deceitful, nor what is false. ㉒ Subhuti! The Buddha does not think 'I say only what is true' nor 'I do not say what is false.' ㉓ Subhuti! One cannot see anything in the darkness, even though he is keen-eyed. Nor can a bodhisattva cultivate any virtue, if he is bound up with anything, even though he makes offerings. ㉔ One should be in the light to see everything, even though he is keen-eyed. A bodhisattva should be free from anything to cultivate every virtue, even though he makes offerings. ㉕ Subhuti! The Buddha knows and sees for sure with buddha's wisdom that the bodhisattva who accepts, recites, and preaches the Sutra to others will be blessed with immeasurable happiness.

[15] The Virtue of Accepting the Sutra

①Subhuti! The virtue of accepting and not rejecting the Sutra is far greater than the virtue of sacrificing himself as many times as there are grains of sand along the Ganges in the morning, in the daytime, and in the evening as well for 10^{40} kalpas. ②There is no need to speak of the virtue of distributing, accepting, reciting, and preaching the Sutra to others. ③Subhuti! The virtue of the Sutra is inconceivable and incomparable. ④The Buddha has preached the Sutra for the people on the greater vehicle and for the people on the greatest vehicle. ⑤The Buddha knows and sees for sure that one who accepts, recites, and preaches the Sutra to others will be blessed with inconceivable, immeasurable, illimitable, and incomparable happiness. ⑥They will attain the buddha's utmost right enlightenment. ⑦Subhuti! One with inferior resolution is bound up with egocentrism · humancentrism · sattvacentrism · biocentrism and cannot accept, nor recite, nor preach the Sutra to others. ⑧Subhuti! Wherever there is the Sutra, the place will be worshiped by gods, humans, and asuras of all realms. The place will be rounded like a buddha shrine with dedications of flowers and incense.

[16] Eliminating the Sins of Past Lives

①Subhuti! There can be one who is humiliated even though he accepts and recites the Sutra. Through the sufferings from the humiliation in this very life, the sins of past lives which might lead him to hell will be eliminated, allowing him to attain the utmost right enlightenment. ②Subhuti! I had served 84,000 times of 10^{40} buddhas for $10^{7\times2^{24}}$ kalpas very sincerely before I was with Buddha Dipankara. ③But my virtue is less than one hundredth, less than one thousandth, and still less than one 10^{40}th of the virtue of accepting, reciting, and preaching the Sutra to others in the future period, in the final time, in the final epoch, in the final 500 years when the good doctrine is entirely degenerated. The latter virtue is beyond any comparison. ④Subhuti! If the virtue of accepting, reciting, and preaching the Sutra to others in the future period, in the final time, in the final epoch, in the final 500 years when the good doctrine is entirely degenerated is fully described, some of my listeners may become suspicious and disturbed. ⑤Subhuti! The virtue of the Sutra is inconceivable. Therefore the karma result of the Sutra is also inconceivable.

【17】 Free from Egocentrism

① Buddha! How should a bodhisattva abide, practice, and control his mind?

② Subhuti! A bodhisattva should keep the following in mind: 'I will lead all sattvas to nirvana of perfect happiness and no pain.' ③ Thereby leading innumerable sattvas to nirvana, a bodhisattva should not think 'I lead sattvas to nirvana.' ④ Subhuti! One who thinks 'I lead sattvas to nirvana' cannot be said to be a bodhisattva. ⑤ Subhuti! One who is bound up with egocentrism · humancentrism · sattvacentrism · biocentrism cannot be said to be a bodhisattva. ⑥ Subhuti! What do you think? Did the Buddha think 'I shall attain the utmost right enlightenment in the next life' when the Buddha was with Buddha

Dipankara?

⑦Buddha! To my understanding, the Buddha did not think so.

⑧Subhuti! Right! You are absolutely right! The Buddha did not think 'I shall attain the utmost right enlightenment in the next life' when the Buddha was with Buddha Dipankara. ⑨Subhuti! If the Buddha had thought so, Buddha Dipankara would not have declared to me "You will be a buddha called Sakyamuni in the next life." ⑩Buddha Dipankara declared to me "You will be a buddha called Sakyamuni in the next life" because the Buddha did not think 'I shall attain the utmost right enlightenment in the next life.' ⑪Subhuti! A buddha is one who is literally true.[11]

---

11 one who is literally true : one who is tathata meaning 'such such.'

⑫Subhuti! One who says the Buddha thinks 'I have attained the utmost right enlightenment' slanders the Buddha by being bound up with what is not there. The Buddha does not think 'I have attained the utmost right enlightenment.' ⑬Subhuti! To truly have attained the Dharma, one should not think 'I have attained the utmost right enlightenment' nor 'I do not think so.' ⑭Subhuti! To truly have attained the Dharma, one should not think 'I have attained the Dharma' even though he has attained the Dharma. ⑮Subhuti! What do you think of a great man?

⑯Buddha! To truly be great, one should not think 'I am great' even though he is great.

⑰Subhuti! One who thinks 'I lead sattvas to nirvana' cannot be said to be a bodhisattva. ⑱Subhuti! To truly be a bodhisattva, one should not think 'I lead sattvas to nirvana.' ⑲ A bodhisattva should be free from egocentrism · humancentrism · sattvacentrism · biocentrism. ⑳ Subhuti! One who says 'I sublimate the world' cannot be said to be a bodhisattva. ㉑ To truly sublimate the world, one should not think 'I sublimate the world' even though he sublimates the world. ㉒ Subhuti! To truly be a bodhisattva, one should be free from egocentrism.

【18】 Five Kinds of Eye

① Subhuti! What do you think? Does the Buddha have the human eye?

② Buddha! Yes, the Buddha has the human eye.

③ Subhuti! What do you think? Does the Buddha have the divine eye?

④ Buddha! Yes, the Buddha has the divine eye.

⑤Subhuti! What do you think? Does the Buddha have the wisdom eye?

⑥Buddha! Yes, the Buddha has the wisdom eye.

⑦Subhuti! What do you think? Does the Buddha have the dharma eye?

⑧Buddha! Yes, the Buddha has the dharma eye.

⑨Subhuti! What do you think? Does the Buddha have the buddha eye?

⑩Buddha! Yes, the Buddha has the buddha eye.

⑪Subhuti! What do you think? Has the Buddha used the phrase 'grains of sand along the Ganges?'

⑫Buddha! Yes, the Buddha has used the phrase 'grains of sand along the Ganges.'

⑬Subhuti! What do you think? If there are as many

Ganges rivers as there are grains of sand along the Ganges, and if there are as many worlds as there are grains of sand along those Ganges rivers, are the worlds many?

⑭ Buddha! Many! They are so many!

⑮ Subhuti! The Buddha knows all thoughts of all sattvas in the worlds. ⑯ To truly know their thoughts, one should not think 'I know their thoughts' even though he knows their thoughts. ⑰ Subhuti! One should be free from the past thoughts, from the future thoughts, and from the present thoughts as well.

[19] The Virtue

① Subhuti! What do you think? If one donates the most valuable treasures equal to 10^{18} worlds, does he cultivate great virtue?

②Buddha! Great virtue! He cultivates really great virtue!

③Subhuti! Right! You are absolutely right! He cultivates really great virtue by the donation. ④But one who thinks 'I cultivate virtue' cannot be said to cultivate virtue. To truly cultivate virtue, one should not think 'I cultivate virtue' even though he cultivates virtue.

【20】 The Appearances and Characteristics of Buddha

①Subhuti! What do you think? If one has acquired all the supernatural appearances of buddha, does it make him a buddha?

②Buddha! No, it does not always make him a buddha. ③To truly have acquired all the supernatural appearances of buddha, one should not think 'I have acquired the supernatural appearances of buddha' even though he has acquired all the supernatural appearances of buddha.

④Subhuti! What do you think? If one has acquired all the supernatural characteristics of buddha, does it make him a buddha?

⑤Buddha! No, it does not always make him a buddha. ⑥To truly have acquired all the supernatural characteristics of buddha, one should not think 'I have acquired the supernatural characteristics of buddha' even though he has acquired all the supernatural characteristics of buddha.

【21】 Preaching the Dharma

①Subhuti! What do you think? Does the Buddha think

'I preach the Dharma?'

②Buddha! No, the Buddha does not think so.

③Subhuti! One who says the Buddha thinks 'I preach the Dharma' slanders the Buddha by being bound up with what is not there. ④Subhuti! To truly preach the Dharma, one should not think 'I preach the Dharma' even though he preaches the Dharma.

⑤Buddha! Will there be any sattvas who believe in the Sutra in the future period, in the final time, in the final epoch, in the final 500 years when the good doctrine is entirely degenerated?

⑥Subhuti! You should see sattvas without thinking 'They are sattvas.' ⑦Subhuti! To truly see sattvas, one should not think 'They are sattvas' even though he sees sattvas.

【22】 The Utmost Right Enlightenment

①Subhuti! What do you think? Does the Buddha think 'I have attained the utmost right enlightenment?'

②Buddha! No, the Buddha does not think so.

③Subhuti! Right! You are absolutely right! To truly have attained the utmost right enlightenment, one should not think 'I have attained the utmost right enlightenment.'

【23】 Not Discriminating One Against the Others

①Subhuti! To truly have attained the utmost right enlightenment, one should see all sattvas equally without any discrimination. ②To truly have attained the utmost right enlightenment, one should be free from egocentrism · humancentrism · sattvacentrism ·

biocentrism. ③Subhuti! To truly observe the Dharma well, one should not think 'I observe the Dharma' even though he observes the Dharma well.

【24】 The Incomparable Virtue

①Subhuti! The virtue of donating the most valuable treasures equal to all Sumeru mountains, all the highest mountains in 10^{18} worlds, is less than one hundredth, less than one thousandth, and still less than one 10^{40}th of the virtue of accepting, reciting, and preaching just one four-line stanza in the Sutra to others. The latter virtue is beyond any comparison.

【25】 Leading Sattvas to Nirvana

①Subhuti! What do you think? Does the Buddha think 'I lead sattvas to nirvana?' Subhuti! Do not think so. The Buddha does not think 'I lead sattvas to nirvana.'

② If the Buddha thought 'I lead sattvas to nirvana,' the Buddha would be said to be bound up with egocentrism · humancentrism · sattvacentrism · biocentrism. ③ Subhuti! One should be free from egocentrism. One who is bound up with egocentrism can be said to be a layman. ④ Subhuti! To truly lead laymen to nirvana, one should not think 'I lead laymen to nirvana' even though he leads laymen to nirvana.

【26】 The Dharma-Body

① Subhuti! What do you think? If one has acquired all the supernatural characteristics of buddha, does it make him a buddha?

② Buddha! No, it does not always make him a buddha.

③ Subhuti! Right! You are absolutely right! If having acquired all the supernatural characteristics of buddha made one a buddha, all cakravartins would be a buddha. ④Accordingly, having acquired all the supernatural characteristics of buddha does not always make one a buddha.

⑤Buddha! I understand more clearly the Buddha's teaching that having acquired all the supernatural characteristics of buddha does not always make one a buddha.

⑥At that time, the Buddha chanted the stanzas:

If you seek a buddha by his appearance,
or if you seek a buddha by his voice,
you are on the wrong way,
and you cannot find a buddha.

⑦You should search for a buddha by the Dharma,

because a buddha shows himself as the
Dharma-body.
If you search for a buddha as an object,
you cannot find a buddha forever.

【27】 Not Annihilating Anything

①Subhuti! What do you think? If one does not think 'I have acquired all the supernatural characteristics of buddha,' does it make him attain the utmost right enlightenment? ②Subhuti! Do not think it makes him attain the utmost right enlightenment. ③Subhuti! It does not always make him a bodhisattva. ④To truly be a bodhisattva, one should not be thoughtless.[12]

12 one should not be thoughtless: In other words, one should have thought. See 【3】 and 【17】.

[28] Making Offerings versus Being Free from Anything

① Subhuti! The virtue of being free from anything is far greater than the virtue of donating the most valuable treasures equal to as many worlds as there are grains of sand along the Ganges. ② Subhuti! The bodhisattva who is free from anything will not think 'I cultivate virtue.'

③ Buddha! Why should not one think 'I cultivate virtue?'

④ Subhuti! To truly cultivate virtue, one should not think 'I cultivate virtue' even though he cultivates virtue.

[29] Free from Anything

① Subhuti! One who says the Buddha thinks 'I have

come, I have gone, I have stood, I have sat, or I have lain down' cannot be said to understand my teaching. ②To truly be a buddha, one should be free from either whence or whither.

[30] 10^{18} Worlds

①Subhuti! What do you think? If 10^{18} worlds were ground into dust, are the particles of dust many?

②Buddha! Many! They are so many! But one who thinks 'I see the particles of dust' cannot be said to see the particles, even though he sees the particles. ③To truly see the particles of dust, one should not think 'I see the particles' even though he sees the particles. ④Buddha! To truly see 10^{18} worlds, one should not think 'I see 10^{18} worlds' even though he sees 10^{18} worlds. ⑤One who thinks 'I see 10^{18} worlds' can be said to be bound up with the assembly of particles. ⑥To truly see the assembly of particles, one should not think 'I see the assembly' even though he sees the assembly.

⑦Subhuti! If one thinks 'I see the assembly of particles,' he is a layman who cannot be said to see the assembly, even though he sees the assembly.

【31】 Understanding the Dharma

①Subhuti! What do you think? If one says the Buddha thinks 'I preach egocentrism · humancentrism · sattvacentrism · biocentrism,' does he understand the Buddha's teaching?

②Buddha! No, he cannot be said to understand the Buddha's teaching. ③To truly preach egocentrism · humancentrism · sattvacentrism · biocentrism, one should not think 'I preach egocentrism · human–

centrism · sattvacentrism · biocentrism' even though he preaches egocentrism · humancentrism · sattva-centrism · biocentrism.

④Subhuti! A bodhisattva should know everything in such a way, should understand everything in such a way, and should think everything in such a way. A bodhisattva should not be bound up with anything. ⑤Subhuti! To truly understand the Dharma, one should not think 'I understand the Dharma' even though he understands the Dharma.

【32】 Epilogue

①Subhuti! The virtue of accepting, reciting, and preaching just one four-line stanza in the Sutra to others is far greater than the virtue of donating the most valuable treasures equal to 10^{18} worlds. ②How should one preach the Dharma to others? To truly preach the Dharma, one should not think 'I preach the Dharma.'

③ Everything perceived will pass away
like a dream, like an illusion, like a bubble,
like a shadow, like a dew, and like a lightning.
You should think everything as such.

④ When the Buddha finished the Sutra, all the gods, the humans, the asuras, and the gandharvas from all realms, the monk men and women, the pious laymen and laywomen, the bodhisattvas, and Venerable Subhuti as well were in great joy.

–The end of the Diamond Sutra–

부록 1

금강경

법륜불자교수회 공식 한글 금강경

무비 · 조현춘 공역

한글 일러두기

1. 각 장을 절로 구분하였습니다. 【2】⑤는 2장 5절을 말합니다.
2. 아난 존자님의 설명은 흐리게, 수보리 장로님의 말씀은 보통으로, 부처님의 말씀은 **진하게** 하였습니다.
3. 이 금강경은 논리적 분석을 통해 범어에서 한글로 번역하였습니다. 따라서 구마라집 선사님의 고대 중국 한어 금강경과는 일부 다를 수 있습니다.

입으로 지은 업을 씻어내는 진언

수리수리 마하수리 수수리 사바하[1](세번)

주위의 신들을 안위하는 진언

나무 사만다 못다남 옴 도로도로 지미 사바하[2](세번)

경전 독송 전의 게송

높디높고 깊디깊은 부처님말씀
백천만겁 지나가도 듣기힘든데
제가지금 보고들어 지니었으니
부처님의 진실한뜻 이루렵니다.

경전 독송 전의 진언

옴 아라남 아라다[3](세번)

---

1 깨끗이 깨끗하게 참으로 깨끗하게 완전히 깨끗하게 씻기를 바랍니다.

2 일체 모든 부처님과 성중들이여! 이 자리에 임하시어 주시옵소서.

3 오! 바른 진리 깊이깊이 깨닫기를 바랍니다.

【1】 설법을 시작함

①부처님께서 천이백오십 명의 스님들과 많은 보살님들과 함께, 어느 날 사위국의 기원정사에 계시면서, 다음과 같이 하시는 것을 제가 보고 들었습니다.[4] ②부처님께서는 아침 일찍 겉옷을 입고 밥그릇을 들고 사위성에 들어가 차례로 탁발을 하여 식사를 하고, 다시 기원정사로 돌아와 겉옷과 밥그릇을 거두고 발을 씻고 '준비된 자리'에 결가부좌로 앉으셨습니다. ③이때에 스님들께서 부처님께로 나아가서, 이마를 부처님의 발에 대어 예를 표하고, 부처님을 시계

4 심리학적 육하원칙(5W 1H, 육성취) : 모든 불교 경전은 원칙적으로 심리학적 육하원칙으로 시작되어야 합니다. 1)누가/부처님께서, 2)누구와/1250명의 스님들과 많은 보살님들과 함께, 3)언제/어느 날, 4)어디서/사위국의 기원정사에 계시면서, 5)어떻게 하는 것을/다음과 같이 하시는 것을, 6)누가 보고 들었는가/제가 보고 들었습니다. 상식적 육하원칙은 '누가, 언제, 어디서, 무엇을, 왜, 어떻게'입니다.

방향으로 세 번 돌고, 자리에 앉으셨습니다.

【2】 보살을 보살피고 가르침

①대중 가운데에 계시던 수보리 장로님[5]께서 오른쪽 어깨를 드러내고 일어나, 합장하고 오른쪽 무릎을 꿇고, 공손하게 부처님께 말씀드리셨습니다.

②부처님이시여! 놀랍습니다. 참으로 놀랍습니다. 부처님께서는 보살님[6]들을 매우 잘 보살펴 주고 매우 잘 가르쳐 주십니다. ③부처님이시여! 보살의 길을 가려는 선남자 선여인은 어떻게 생활하고, 어떻게 수행하고, 어떻게 마음을 다스려야 합니까?

④**수보리 장로님! 그렇습니다. 참으로 그렇습니다. 장로님께서 말씀하신 대로, 여래는 보살님들을 매우 잘**

5 장로: 지혜와 복덕이 높은 사람을 말합니다.

6 보살: 범어 '보리 살으바'의 준말입니다. 최고의 바른 깨달음을 이루려는 마음을 낸 사람을 말합니다.

보살펴 드리고 매우 잘 가르쳐 드립니다. ⑤수보리 장로님! 잘 들으십시오. 보살의 길을 가려는 선남자 선여인은 어떻게 생활하고, 어떻게 수행하고, 어떻게 마음을 다스려야 하는지 말씀드리겠습니다.
⑥부처님이시여! 잘 듣겠습니다. 자세히 잘 듣겠습니다.

【3】 보살

①수보리 장로님! 보살의 길을 가려는 선남자 선여인은 다음과 같은 마음을 가져야 합니다. '모든 중생들 – 알로 생긴 중생이나 태로 생긴 중생이나 습기로 생긴 중생이나 변화하여 생긴 중생이나, 형상이 있는 중생이나 형상이 없는 중생이나, 생각이 있는 중생이나 생각이 없는 중생이나 생각이 있지도 않고 없지도 않은 중생들 – 이 모든 중생들[7]을 '고통이 전혀 없는,

7 이 모든 중생들: 9류 중생이라고 하기도 하고, 4×2×3=24류 중생이라고 하기도 합니다.

완전한 기쁨의 세상'으로 제도하겠다'는 마음을 가져야 합니다. ②이렇게 하여 한량없이 많은 중생들을 기쁨 세상으로 제도하였으면서도, 제도하였다는 생각은 조금도 하지 않아야 합니다. ③수보리 장로님! '중생들을 기쁨 세상으로 제도하였다'는 생각을 하는 보살은 참된 보살이라고 할 수 없습니다. ④'자기 · 인간 · 중생 · 생명 중심적 생각'[8]을 하는 보살은 참된 보살이라고 할 수 없습니다.

【4】 보시

①수보리 장로님! 보살은 어떤 것에도 걸리지 않는 보시[9]를 해야 합니다. ②형상 · 소리 · 냄새 · 맛 · 촉

---

8 자기 중심적 생각은 자기만이 가치가 있고 옳다고 하는 배타적 생각을 말합니다.
인간 중심적 생각은 인간만이 가치가 있고 옳다는 생각입니다.
중생 중심적 생각은 중생만이 가치가 있고 옳다는 생각입니다.
생명 중심적 생각은 생명체만이 가치가 있고 옳다는 생각입니다.

감·법[10]에 걸리지 않는 보시를 해야 합니다. ③수보리 장로님! 보살은 자기 생각에 걸리지 않는 보시를 해야 합니다. ④자기 생각에 걸리지 않는 보시를 하는 보살이 짓는 복은 상상할 수 없이 많습니다. ⑤수보리 장로님! 어떻게 생각하십니까? 동방[11] 허공의 크기를 상상할 수 있습니까?

⑥부처님이시여! 아닙니다. 상상할 수 없습니다.

⑦수보리 장로님! 남·서·북·북동·남동·남서·북서·아래·위 방향의 허공의 크기를 상상할 수 있습니까?

⑧부처님이시여! 아닙니다. 상상할 수 없습니다.

⑨수보리 장로님! 자기 생각에 걸리지 않는 보시를

---

9 보시: 다른 이에게 필요한 것을 주는 것을 말합니다. 재시, 법시, 무외시 등 여러 종류의 보시가 있습니다.

10 법: 각자의 마음이 받아들이는 '주관적 지각'을 말합니다.

11 동방: 지금은 동서남북으로 부르고 있으나 원래 불교에서는 시계방향으로 동남서북으로 불렀습니다.

하는 보살이 짓는 복도 상상할 수 없이 많습니다. ⑩수보리 장로님! 보살은 자기 생각에 걸리지 않는 보시를 해야 합니다.

【5】 부처님

① **수보리 장로님! 어떻게 생각하십니까? 부처님의 상호[12]를 다 갖추었으면 모두 부처님으로 볼 수 있습니까?**
②부처님이시여! 아닙니다. 부처님의 상호를 다 갖추었다고 해서 모두 부처님으로 볼 수는 없습니다. ③부처님의 상호를 다 갖추었다는 생각을 하면, 부처님의 상호를 제대로 갖추었다고 할 수 없습니다.
④ **수보리 장로님!**

부처상호 갖추었다 생각을하면,

12 부처님의 상호: 부처님이 되면 가지게 되는 거룩한 특징들(32상, 80종호 등)을 말합니다.

참된부처 이루었다 할수없어요.

갖추었되 갖추었다 생각않아야,

참된부처 이루었다 할수있어요.

【6】 믿음

①부처님이시여! 후오백년 말법 세상에서도 이 경을 믿을 중생이 있겠습니까?

②수보리 장로님! 그런 말씀은 하지 마십시오. 후오백년 말법 세상에서도 계를 지키고 복을 짓는 지혜로운 사람들은 이 경을 믿을 것입니다. ③한 부처님 앞에서만 착한 행동을 한 것이 아니고 한량없이 많은 부처님들 앞에서 많은 착한 행동을 한 사람들은 이 경을 믿을 것입니다. ④수보리 장로님! 여래는 모두 알고, 모두 봅니다. 이런 사람들은 한량없이 많고 셀 수 없이 많은 복을 누릴 것입니다. ⑤이런 사람들은 '자기 · 인간 · 중생 · 생명 중심적 생각'을 하지 않을 것입니다. ⑥이

런 사람들은 법에도 걸리지 않고, 걸리지 않는다는 생각도 하지 않을 것입니다. 어떤 것에도 걸리지 않고, 걸리지 않는다는 생각도 하지 않을 것입니다. ⑦법에 걸려도, '자기 · 인간 · 중생 · 생명 중심적 생각'에 걸리는 것입니다. 걸리지 않는다는 생각을 해도, '자기 · 인간 · 중생 · 생명 중심적 생각'에 걸리는 것입니다. ⑧법에도 걸리지 않고 걸리지 않는다는 생각도 하지 않아야, 참된 보살이라고 할 수 있습니다. ⑨그래서 여래는 늘 다음과 같이 말합니다. '여래의 말을 뗏목 같이 여기십시오. 법에도 걸리지 않아야 하며, 걸리지 않는다는 생각도 하지 않아야 합니다.'

【7】 성현

①수보리 장로님! 어떻게 생각하십니까? 여래가 '나는 최고의 바른 깨달음을 이루었다'는 생각을 합니까? '나는 법을 전하였다'는 생각을 합니까?

②부처님이시여! 아닙니다. 제가 부처님의 말씀을 이해하기로는, 부처님께서는 '나는 최고의 바른 깨달음을 이루었다'는 생각도 하지 않고, '나는 법을 전하였다'는 생각도 하지 않으십니다. ③이루었다거나 전하였다는 생각을 한다고 말하면 안 됩니다. ④부처님께서는 어떤 것에도 걸리지 않고, 걸리지 않는다는 생각도 하지 않으십니다. ⑤성현님들은 모두 '나는 하였다'는 생각에서 벗어나서 성현이 된 것입니다.

【8】 금강경과 최고의 바른 깨달음

①수보리 장로님! 어떻게 생각하십니까? 삼천대천세계[13]만큼의 금은보화를 보시하는 사람이 짓는 복은 많습니까?

②부처님이시여! 많습니다. 매우 많습니다. 그러나

13 삼천대천세계(三千大千世界) : 인간이 인식할 수 있는 우주의 1,000,000,000,000,000,000배 되는 세계를 말합니다.

복을 지었으면서도 지었다는 생각을 하지 않아야, 참으로 지었다고 할 수 있습니다.

③수보리 장로님! 이 경의 사행시 하나만이라도 받아 지녀 남에게 널리 전해주는 사람이 짓는 복이 앞사람이 짓는 복보다 훨씬 더 많습니다. ④수보리 장로님! 모든 부처님들의 최고의 바른 깨달음은 모두 이 경에서 나왔습니다. ⑤수보리 장로님! 최고의 바른 깨달음을 이루었으면서도 이루었다는 생각을 하지 않아야, 참으로 이루었다고 할 수 있습니다.

【9】 네 부류의 성현

①수보리 장로님! 어떻게 생각하십니까? 수다원이 '나는 수다원의 경지를 이루었다'는 생각을 합니까?

②부처님이시여! 아닙니다. 수다원은 그러한 생각을 하지 않습니다. 수다원이라는 말은 '세상 흐름을 뛰어넘은 사람'이라는 의미이지만, '나는 수다원의 경지를

이루었다'는 생각을 하지 않아야 참된 수다원이라고 할 수 있습니다. '형상 · 소리 · 냄새 · 맛 · 촉감 · 법'에 걸리지 않아야, 참된 수다원이라고 할 수 있습니다. '나는 수다원의 경지를 이루었다'는 생각을 하는 사람은 '자기 · 인간 · 중생 · 생명 중심적 생각'을 하고 있는 것입니다.

③**수보리 장로님! 어떻게 생각하십니까? 사다함이 '나는 사다함의 경지를 이루었다'는 생각을 합니까?**

④부처님이시여! 아닙니다. 사다함은 그러한 생각을 하지 않습니다. 사다함이라는 말은 '한 번만 더 이 세상으로 돌아오면 성불할 사람'이라는 의미이지만, '나는 사다함의 경지를 이루었다'는 생각을 하지 않아야, 참된 사다함이라고 할 수 있습니다.

⑤**수보리 장로님! 어떻게 생각하십니까? 아나함이 '나는 아나함의 경지를 이루었다'는 생각을 합니까?**

⑥부처님이시여! 아닙니다. 아나함은 그러한 생각을

하지 않습니다. 아나함이라는 말은 '다시는 이 세상으로 돌아오지 않고 바로 성불할 사람'이라는 의미이지만, '나는 아나함의 경지를 이루었다'는 생각을 하지 않아야, 참된 아나함이라고 할 수 있습니다.

⑦ **수보리 장로님! 어떻게 생각하십니까? 아라한이 '나는 아라한의 경지를 이루었다'는 생각을 합니까?**

⑧ 부처님이시여! 아닙니다. 아라한은 그러한 생각을 하지 않습니다. '나는 아라한의 경지를 이루었다'는 생각을 하지 않아야, 참된 아라한이라고 할 수 있습니다. ⑨ 부처님이시여! '나는 아라한의 경지를 이루었다'는 생각을 하는 아라한은 '자기 · 인간 · 중생 · 생명 중심적 생각'에 걸려 있는 것입니다. ⑩ 부처님이시여! 부처님께서 저를 '참으로 평화롭게 사는 아라한'이라고 말씀하셨으므로 저는 '탐욕에서 벗어난 아라한'입니다. 그러나 제 자신이 '나는 탐욕에서 벗어난 아라한'이라는 생각을 하지는 않았습니다. ⑪ 부처님이시

여! 제가 '나는 아라한의 경지를 이루었다'는 생각을 하였더라면, 부처님께서 저를 '참으로 평화롭게 사는 아라한'이라고 하지 않으셨을 것입니다. ⑫제가 '나는 아라한의 경지를 이루었다'는 생각을 하지 않았기 때문에, 부처님께서 저를 '참으로 평화롭게 사는 아라한'이라고 말씀하신 것입니다.

【10】 정토를 장엄함

①**수보리 장로님! 어떻게 생각하십니까? 연등 부처님을 모시고 있을 때에, 여래가 '나는 다음 생애에 최고의 바른 깨달음을 이룰 것'이라는 생각을 하였습니까?**
②부처님이시여! 아닙니다. 연등 부처님을 모시고 계실 때에, 부처님께서는 '나는 다음 생애에 최고의 바른 깨달음을 이룰 것'이라는 생각을 하지 않으셨습니다.
③**수보리 장로님! 어떻게 생각하십니까? 보살이 '나는**

세상을 장엄하였다'는 생각을 합니까?

④부처님이시여! 아닙니다. 보살은 그러한 생각을 하지 않습니다. 세상을 장엄하였으면서도 장엄하였다는 생각을 하지 않아야, 참으로 장엄하였다고 할 수 있습니다.

⑤수보리 장로님! 보살은 깨끗하고 맑은 마음을 가져야 합니다. 형상 · 소리 · 냄새 · 맛 · 촉감 · 법에 걸리지 않는 마음을 가져야 합니다. ⑥수보리 장로님! 어떻게 생각하십니까? 몸이 수미산 같은 사람은 모두 존귀한 사람이라고 할 수 있습니까?

⑦부처님이시여! 존귀합니다. 매우 존귀합니다. 그러나 스스로 '나는 존귀하다'는 생각을 하는 사람은 참으로 존귀한 사람이라고는 할 수 없습니다. ⑧부처님이시여! 존귀하면서도 존귀하다는 생각을 하지 않아야, 참으로 존귀하다고 할 수 있습니다.

【11】 사행시의 공덕

①수보리 장로님! 어떻게 생각하십니까? 강가강[14]의 모래 수만큼의 강가강이 있다고 합시다. 그 모든 강가강의 모래 수는 많습니까?

②부처님이시여! 매우 많습니다. 강가강의 모래 수도 셀 수 없이 많은데, 그 모든 강가강의 모래 수에 대해서는 말할 필요도 없을 것입니다.

③수보리 장로님! 어떻게 생각하십니까? 그 모든 강가강의 모래 수만큼의 세계가 있다고 합시다. 그 모든 세계만큼의 금은보화를 보시하는 사람이 짓는 복은 많습니까?

④부처님이시여! 많습니다. 매우 많습니다.

⑤수보리 장로님! 잘 들으십시오. 이 경의 사행시 하나만이라도 받아 지녀 독송하며 남에게 널리 전해주는 사람이

---

14 강가강: 강가는 인도식 발음, 갠지스는 영미식 발음, 항하는 중국식 음사에 대한 한국식 발음입니다.

짓는 복이 앞사람이 짓는 복보다 훨씬 더 많습니다.

【12】 금강경의 공덕

①수보리 장로님! 이 경의 사행시 하나만이라도 전해지는 곳은 모든 세상의 하느님들과 사람들과 아수라들이 모두 부처님의 탑에 공양하듯이 공양할 것입니다. ②하물며, 이 경 전체를 받아 지녀 독송하며 남에게 널리 전해주는 사람에 대해서는 더 말할 필요도 없을 것입니다. ③수보리 장로님! 이런 사람들은 참으로 많은 복을 누릴 것입니다. ④이 경이 있는 곳에는 부처님과 훌륭한 제자들께서 항상 함께 계십니다.

【13】 금강경을 받아 지니는 법

①부처님이시여! 이 경의 이름은 무엇이며, 어떻게 지녀야 합니까?

②수보리 장로님! 이 경은 《금강반야바라밀경》이며,

다음과 같이 지녀야 합니다. ③수보리 장로님! 반야바라밀[15]을 행하였으면서도 행하였다는 생각을 하지 않아야, 참으로 행하였다고 할 수 있습니다. ④수보리 장로님! 어떻게 생각하십니까? 여래가 '나는 법을 전하였다'는 생각을 합니까?

⑤부처님이시여! 아닙니다. 부처님께서는 '나는 법을 전하였다'는 생각을 하지 않으십니다.

⑥수보리 장로님! 어떻게 생각하십니까? 삼천대천세계를 이루고 있는 티끌들의 수는 많습니까?

⑦부처님이시여! 많습니다. 매우 많습니다.

⑧수보리 장로님! 이 모든 티끌들을 보면서도 이 모든 티끌들을 본다는 생각을 하지 않아야, 참으로 본다고 할 수 있습니다. ⑨이 모든 세계를 보면서도 이 모든 세계를 본다는 생각을 하지 않아야, 참으로 본다고

---

15 반야바라밀: 반야는 법의 실다운 이치에 계합한 최상의 지혜를 말하고, 바라밀은 완성을 뜻합니다.

할 수 있습니다. ⑩수보리 장로님! 어떻게 생각하십니까? 서른두 가지 거룩한 상을 다 갖추었으면 모두 부처님으로 볼 수 있습니까?

⑪부처님이시여! 아닙니다. 서른두 가지 거룩한 상을 다 갖추었다고 해서 모두 부처님으로 볼 수는 없습니다. ⑫서른두 가지 거룩한 상을 다 갖추었으면서도 다 갖추었다는 생각을 하지 않아야, 참으로 다 갖추었다고 할 수 있습니다.

⑬수보리 장로님! '강가강의 모래 수만큼 여러 번 몸을 보시하는 사람'이 짓는 복보다 '이 경의 사행시 하나만이라도 받아 지녀 독송하며 남에게 널리 전해주는 사람'이 짓는 복이 훨씬 더 많습니다.

【14】 온전한 평안

①수보리 장로님께서 부처님의 말씀을 듣고, 그 뜻을 깊이 깨닫고, 감격의 눈물을 흘리며, 부처님께 말씀하

셨습니다.

②부처님이시여! 고맙습니다. 참으로 고맙습니다. 부처님께서는 참으로 심오한 법을 말씀해 주셨습니다. ③저는 부처님의 말씀을 듣고 지혜의 눈을 떴습니다. 이와 같은 말씀을 전에는 한 번도 들어 본 적이 없습니다. ④부처님이시여! 이 경을 듣고 받아 지니는 사람이 짓는 복은 참으로 많습니다. ⑤부처님이시여! 이 경을 받아 지녔으면서도 받아 지녔다는 생각을 하지 않아야, 참으로 받아 지녔다고 할 수 있습니다. ⑥부처님이시여! 제가 지금 이 경을 받아 지니는 것은 어렵지 않습니다만, 후오백년 말법 세상에서 이 경을 받아 지녀 독송하며 남에게 널리 전해주는 사람이 짓는 복은 참으로 많습니다. ⑦이런 사람들은 '자기·인간·중생·생명 중심적 생각'을 하지 않을 것입니다. ⑧'자기·인간·중생·생명 중심적 생각'을 하지 않는다는 생각도 하지 않을 것입니다. ⑨모든 분별에

서 벗어나서 부처님이 될 것입니다.

⑩수보리 장로님! 그렇습니다. 참으로 그렇습니다. 이 경을 듣고 놀라거나 두려워하거나 무서워하지 않는 사람이 짓는 복은 참으로 많습니다. ⑪수보리 장로님! 바라밀을 매우 잘 행하였으면서도 행하였다는 생각을 하지 않아야, 참으로 매우 잘 행하였다고 할 수 있습니다. ⑫수보리 장로님! 인욕 바라밀을 행하였으면서도 행하였다는 생각을 하지 않아야, 참으로 행하였다고 할 수 있습니다. ⑬수보리 장로님! 옛날 가리왕에게 몸이 베이고 찢길 때에, 여래는 '자기 · 인간 · 중생 · 생명 중심적 생각'을 하지 않았습니다. ⑭몸이 베이고 찢길 때에, '자기 · 인간 · 중생 · 생명 중심적 생각'을 하였더라면, 여래는 당연히 성내고 원망하였을 것입니다. ⑮수보리 장로님! 인욕을 수행하고 있었던 오백생애 동안에도 여래는 '자기 · 인간 · 중생 · 생명 중심적 생각'을 하지 않았습니다. ⑯수보리 장로님! 어떤 생각

에도 걸리지 않는 보살이라야 최고의 바른 깨달음을 이룰 수가 있습니다. ⑰ 보살은 형상 · 소리 · 냄새 · 맛 · 촉감 · 법에 걸리지 않아야 합니다. ⑱ 어떤 것에도 걸리지 않아야 하며, 걸리지 않는다는 생각도 하지 않아야 합니다. 어디에도 걸리지 않아야 하며, 걸리지 않는다는 생각도 하지 않아야 합니다. ⑲ 보살은 형상 · 소리 · 냄새 · 맛 · 촉감 · 법에 걸리지 않는 보시를 해야 합니다. 수보리 장로님! 보살은 모든 중생들의 행복을 위해 보시해야 합니다. ⑳ 수보리 장로님! 모든 중생들의 행복을 위해 보시하였으면서도 모든 중생들의 행복을 위해 보시하였다는 생각을 하지 않아야, 참으로 모든 중생들의 행복을 위해 보시하였다고 할 수 있습니다. ㉑ 수보리 장로님! 여래는 참된 말만을 하며, 옳은 말만을 말하며, 사실만을 말합니다. 속이는 말을 하지 않으며, 헛된 말을 하지 않습니다. ㉒ 수보리 장로님! 여래는 '나는 진실만을 말한다'는 생각도 하지 않고,

'나는 거짓말을 하지 않는다'는 생각도 하지 않습니다. ㉓ 수보리 장로님! 눈이 밝은 사람도 어두운 곳에서는 아무것도 보지 못합니다. 보살도 마찬가지입니다. 걸린 마음으로 보시하는 보살은 아무런 복도 짓지 못합니다. ㉔ 눈이 밝은 사람도 밝은 곳에서라야 여러 가지 모습을 모두 볼 수 있습니다. 보살도 마찬가지입니다. 걸리지 않는 마음으로 보시해야 여러 가지 복을 모두 지을 수가 있습니다. ㉕ 수보리 장로님! 여래는 부처의 지혜로 모두 알고 모두 봅니다. 이 경을 받아 지녀 독송하며 남에게 널리 전해주는 사람이 짓는 복은 상상할 수 없이 많습니다.

【15】 금강경을 받아 지니는 공덕

① 수보리 장로님! '아침에도, 낮에도, 저녁에도 강가강의 모래 수만큼 여러 번 몸을 보시하며, 백천만억 겁 동안 계속 몸을 보시하는 사람'이 짓는 복보다 '이 경을

듣고서, 거부하지 않고 받아 지니는 사람'이 짓는 복이 훨씬 더 많습니다. ②하물며, 이 경을 보시하거나, 받아 지녀 독송하며 남에게 널리 전해주는 사람에 대해서야 말할 필요도 없을 것입니다. ③수보리 장로님! 이 경의 공덕은 상상할 수 없이 많고, 비교할 수 없이 많습니다. ④이 경은 대승의 길을 가는 사람을 위해, 최상승의 길을 가는 사람을 위해 말씀드리는 것입니다. ⑤이 경을 받아 지녀 독송하며 남에게 널리 전해주는 사람이 있으면, 여래는 모두 알고 모두 봅니다. 이런 사람들이 짓는 복은 상상할 수 없이 많고 한량없이 많고 끝없이 많고 비교할 수 없이 많습니다. ⑥이런 사람들은 최고의 바른 깨달음을 이룰 것입니다. ⑦수보리 장로님! 수행이 부족하여 '자기 · 인간 · 중생 · 생명 중심적 생각'을 하는 사람은 이 경을 받아 지녀 독송하거나 남에게 전해주지 못할 것입니다. ⑧수보리 장로님! 이 경이 있는 곳은 어느 곳이든, 모든 세상의 하느님들과 사람들과 아수라들이 모두 공경할 것입니다. 부처님의 탑처럼 돌고 예배드리고, 꽃이나 향을 올릴 것입니다.

【16】 전생 죄업을 씻음

①수보리 장로님! 이 경을 받아 지녀 독송하며 남에게 널리 전해주면서도 남의 천대를 받는 사람들이 있을 수 있습니다. 이런 사람들은 전생 죄업으로 마땅히 악도에 떨어질 사람들이지만 '이 생에서 약간의 천대를 받는 것'으로써 전생 죄업을 소멸하고, 최고의 바른 깨달음을 이룰 것입니다. ②수보리 장로님! 연등 부처님을 모시기 전, 여래는 무량 아승기 겁 동안 팔만사천만억 나유타 부처님을 친견하면서, 모두 지극정성으로 받들어 섬겼던 일이 있었습니다. ③그러나 '여래가 그 모든 부처님들을 공양하면서 지은 복'은 '말법 세상에서 이 경을 받아 지녀 독송하며 남에게 널리 전해주는 사람이 짓는 복'에 비하면, 백분의 일에도 미치지 못하

며, 천분의 일에도 미치지 못하며, 만억분의 일에도 미치지 못합니다. 숫자로 비교조차 할 수 없습니다. ④수보리 장로님! 말법 세상에서 이 경을 받아 지녀 독송하며 남에게 널리 전해주는 사람이 짓는 복을 여래가 다 말하면, 사람들은 의심스러워하거나 혼란스러워할 것입니다. ⑤수보리 장로님! 이 경의 공덕은 상상할 수 없이 큽니다. 따라서 이 경의 과보도 역시 상상할 수 없이 큽니다.

【17】자기 중심적 생각에서 벗어남

①부처님이시여! 보살의 길을 가려는 선남자 선여인은 어떻게 생활하며, 어떻게 수행하며, 어떻게 마음을 다스려야 합니까?

②수보리 장로님! 보살의 길을 가려는 선남자 선여인은 다음과 같은 마음을 가져야 합니다. "모든 중생들을 '고통이 전혀 없는, 완전한 기쁨의 세상'으로 제도하겠

다"는 마음을 가져야 합니다. ③이렇게 하여 한량없이 많은 중생들을 기쁨 세상으로 제도하였으면서도 제도하였다는 생각은 조금도 하지 않아야 합니다. ④수보리 장로님! '중생들을 기쁨 세상으로 제도하였다'는 생각을 하는 보살은 참된 보살이라고 할 수 없습니다. ⑤수보리 장로님! '자기 · 인간 · 중생 · 생명 중심적 생각'을 하는 보살은 참된 보살이라고 할 수 없습니다. ⑥수보리 장로님! 어떻게 생각하십니까? 연등 부처님을 모시고 있을 때에 여래가 '나는 다음 생애에 최고의 바른 깨달음을 이룰 것'이라는 생각을 하였습니까?

⑦부처님이시여! 아닙니다. 제가 부처님의 말씀을 이해하기로는, 연등 부처님을 모시고 계실 때에, 부처님께서는 '나는 다음 생애에 최고의 바른 깨달음을 이룰 것'이라는 생각을 하지 않으셨습니다.

⑧수보리 장로님! 그렇습니다. 참으로 그렇습니다. 연등 부처님을 모시고 있을 때에 여래는 '나는 다음 생애에

최고의 바른 깨달음을 이룰 것'이라는 생각을 하지 않았습니다. ⑨수보리 장로님! 여래가 '나는 다음 생애에 최고의 바른 깨달음을 이룰 것'이라는 생각을 하였더라면, 연등 부처님께서 여래에게 '보살님께서는 다음 생애에 석가모니라는 이름의 부처님이 될 것'이라는 수기를 주지 않으셨을 것입니다. ⑩여래가 '나는 다음 생애에 최고의 바른 깨달음을 이룰 것'이라는 생각을 하지 않았기 때문에, 연등 부처님께서 여래에게 '보살님께서는 다음 생애에 석가모니라는 이름의 부처님이 될 것'이라는 수기를 주신 것입니다. ⑪수보리 장로님! 부처라는 말은 '여여하다'는 뜻입니다. ⑫수보리 장로님! "여래가 '나는 최고의 바른 깨달음을 이루었다'는 생각을 한다"고 말하는 사람은 사실이 아닌 것에 집착하여 거짓말로 여래를 비방하고 있는 것입니다. 여래 스스로 '나는 최고의 바른 깨달음을 이루었다'는 생각을 하지는 않습니다. ⑬수보리 장로님! '나는 최고의 바른 깨달음을 이루었다'는 생각을 하지 않고, '하지 않는다'는 생각도 하지 않아야 참으로 모든 법을 이루었다고 할 수 있습니다. 부처님의 법을 이루었다고 할 수 있습니다. ⑭수보리 장로님! 모든 법을 이루었으면서도, 이루었다는 생각을 하지 않아야, 참으로 이루었다고 할 수 있습니다. ⑮수보리 장로님! 존귀한 사람에 대해 말해 보십시오.

⑯부처님이시여! 존귀하면서도 존귀하다는 생각을 하지 않아야, 참으로 존귀하다고 할 수 있습니다.

⑰수보리 장로님! 보살도 마찬가지입니다. '나는 중생들을 기쁨 세상으로 제도하였다'는 생각을 하는 보살은 참된 보살이라고 할 수 없습니다. ⑱수보리 장로님! '나는 중생들을 기쁨 세상으로 제도하였다'는 생각을 하지 않아야 참된 보살이라고 할 수 있습니다. ⑲'자기 · 인간 · 중생 · 생명 중심적 생각'을 하지 않아야 참된 보살이라고 할 수 있습니다. ⑳수보리 장로님!

'나는 세상을 장엄하였다'는 말을 하는 보살은 참된 보살이라고 할 수 없습니다. ㉑세상을 장엄하였으면서도 장엄하였다는 생각을 하지 않아야, 참으로 장엄하였다고 할 수 있습니다. ㉒수보리 장로님! '자기중심적 생각'에서 벗어나야 참된 보살이라고 할 수 있습니다.

【18】 다섯 가지의 눈

①수보리 장로님! 어떻게 생각하십니까? 여래는 육신의 눈[16]을 가지고 있습니까?

②부처님이시여! 그렇습니다. 부처님께서는 육신의 눈을 가지고 계십니다.

③수보리 장로님! 어떻게 생각하십니까? 여래는 하늘의 눈[17]을 가지고 있습니까?

---

16 육신의 눈: 일반적인 인간들이 가지고 있는 눈을 말합니다.

17 하늘의 눈: 하느님들이 가지고 있는 눈, 즉 육신의 눈의 기능은 물론이려니와 공간적 제약을 받지 않는 눈을 말합니다.

④부처님이시여! 그렇습니다. 부처님께서는 하늘의 눈을 가지고 계십니다.

⑤수보리 장로님! 어떻게 생각하십니까? 여래는 지혜의 눈[18]을 가지고 있습니까?

⑥부처님이시여! 그렇습니다. 부처님께서는 지혜의 눈을 가지고 계십니다.

⑦수보리 장로님! 어떻게 생각하십니까? 여래는 법의 눈[19]을 가지고 있습니까?

⑧부처님이시여! 그렇습니다. 부처님께서는 법의 눈을 가지고 계십니다

⑨수보리 장로님! 어떻게 생각하십니까? 여래는 부처의 눈[20]을 가지고 있습니까?

---

18 지혜의 눈: 하늘의 눈의 기능은 물론이려니와 현재의 것을 보고 과거 인연을 전부 알 수 있는 눈을 말합니다.

19 법의 눈: 모든 법의 진상을 잘 알 수 있는 눈을 말합니다.

20 부처의 눈: 최고의 바른 깨달음을 이룬 부처님들만이 가질 수 있는 눈 혹은 관점을 말합니다.

⑩부처님이시여! 그렇습니다. 부처님께서는 부처의 눈을 가지고 계십니다.

⑪수보리 장로님! 어떻게 생각하십니까? 여래가 '강가강의 모래 수'라는 말을 한 적이 있습니까?

⑫부처님이시여! 그렇습니다. 부처님께서는 '강가강의 모래 수'라는 말씀을 하신 적이 있습니다.

⑬수보리 장로님! 어떻게 생각하십니까? 강가강의 모래 수만큼의 강가강이 있다고 합시다. 그 모든 강가강의 모래 수만큼의 세계는 많습니까?

⑭부처님이시여! 많습니다. 매우 많습니다.

⑮수보리 장로님! 그 모든 세계 안에 있는 모든 중생들의 모든 마음을 여래는 모두 압니다. ⑯마음을 알면서도 안다는 생각을 하지 않아야, 참으로 안다고 할 수 있습니다. ⑰수보리 장로님! 과거의 마음에도 걸리지 않아야 하며, 미래의 마음에도 걸리지 않아야 하며, 현재의 마음에도 걸리지 않아야 합니다.

【19】 공덕

①수보리 장로님! 어떻게 생각하십니까? 삼천대천세계만큼의 금은보화를 보시하는 사람이 짓는 복은 많습니까?

②부처님이시여! 많습니다. 매우 많습니다.

③수보리 장로님! 그렇습니다. 참으로 그렇습니다. 이 사람은 이 인연으로 많은 복을 지었다고 할 수 있습니다.

④그러나 '나는 복을 지었다'는 생각을 하는 사람은 제대로 '복을 지었다'고 할 수 없습니다. 복을 지었으면서도 지었다는 생각을 하지 않아야, 참으로 지었다고 할 수 있습니다.

【20】 부처님의 형상과 상호

①수보리 장로님! 어떻게 생각하십니까? 부처님의 형상[21]을 다 갖추었으면, 모두 부처님으로 볼 수 있습니까?

21 형상: 부처님의 거룩한 시각적 겉모습을 말합니다.

②부처님이시여! 아닙니다. 부처님의 형상을 다 갖추었다고 해서, 모두 부처님으로 볼 수는 없습니다.
③부처님의 형상을 다 갖추었으면서도 다 갖추었다는 생각을 하지 않아야, 참으로 다 갖추었다고 할 수 있습니다.

④수보리 장로님! 어떻게 생각하십니까? 부처님의 상호[22]를 다 갖추었으면, 모두 부처님으로 볼 수 있습니까?

⑤부처님이시여! 아닙니다. 부처님의 상호를 다 갖추었다고 해서, 모두 부처님으로 볼 수는 없습니다.
⑥부처님의 상호를 다 갖추었으면서도 다 갖추었다는 생각을 하지 않아야, 참으로 다 갖추었다고 할 수 있습니다.

---

22 상호: 부처님의 거룩한 여러 가지 특징들, 즉 32상과 80종호를 말합니다.

【21】 법을 전함

①수보리 장로님! 어떻게 생각하십니까? 여래가 '나는 법을 전하였다'는 생각을 합니까?

②부처님이시여! 아닙니다. 부처님께서는 '나는 법을 전하였다'는 생각을 하지 않으십니다.

③수보리 장로님! 여래가 '나는 법을 전하였다'는 생각을 한다고 말하는 사람은 사실이 아닌 것에 집착하여 거짓말로 여래를 비방하고 있는 것입니다. ④수보리 장로님! 법을 전하였으면서도 전하였다는 생각을 하지 않아야, 참으로 전하였다고 할 수 있습니다.

⑤부처님이시여! 후오백년 말법 세상에서도 이 경을 믿을 중생이 있겠습니까?

⑥수보리 장로님! 중생들을 보면서도, 중생이라는 생각에 걸리지 않아야 합니다. ⑦수보리 장로님! 중생들을 보면서도 중생이라는 생각에 걸리지 않아야, 참으로 본다고 할 수 있습니다.

【22】 최고의 바른 깨달음

①**수보리 장로님! 어떻게 생각하십니까? 여래가 '나는 최고의 바른 깨달음을 이루었다'는 생각을 합니까?** ②부처님이시여! 아닙니다. 부처님께서는 '나는 최고의 바른 깨달음을 이루었다'는 생각을 하지 않으십니다. ③**수보리 장로님! 그렇습니다. 참으로 그렇습니다. '나는 최고의 바른 깨달음을 이루었다'는 생각을 하지 않아야, 참으로 이루었다고 할 수 있습니다.**

【23】 차별적 생각을 하지 않음

①**수보리 장로님! 차별적 생각[23]을 하지 않고 완전히 평등하게 생각해야, 최고의 바른 깨달음을 참으로 이루었다고 할 수 있습니다.** ②**'자기 · 인간 · 중생 · 생명 중심적 생각'을 하지 않아야, 최고의 바른 깨달음을**

---

23 차별적 생각: 어떤 이유에서든지 누구는 존귀하고 누구는 비천하다는 식으로 존재 자체를 차별적으로 생각하는 것을 말합니다.

참으로 이루었다고 할 수 있습니다. ③수보리 장로님! 법을 잘 이루었으면서도 이루었다는 생각을 하지 않아야, 참으로 잘 이루었다고 할 수 있습니다.

【24】 비교할 수 없이 큰 공덕

①수보리 장로님! '삼천대천세계에 있는 수미산처럼 가장 큰 산들을 전부 합친 것만큼의 금은보화를 보시하는 사람'이 짓는 복은 '이 경의 사행시 하나만이라도 받아 지녀 독송하며 남에게 널리 전해주는 사람'이 짓는 복에 비하면, 백분의 일에도 미치지 못하고, 천분의 일에도 미치지 못하며, 만억분의 일에도 미치지 못합니다. 숫자로 비교조차 할 수 없습니다.

【25】 중생을 제도함

①수보리 장로님! 어떻게 생각하십니까? 여래가 '나는 중생들을 기쁨 세상으로 제도하였다'는 생각을 합니

까? 수보리 장로님! 그렇게 생각하지 마십시오. 여래는 '나는 중생들을 기쁨 세상으로 제도하였다'는 생각을 하지 않습니다. ②여래가 '나는 중생들을 기쁨 세상으로 제도하였다'는 생각을 한다는 말은 여래도 '자기 · 인간 · 중생 · 생명 중심적 생각'에 걸려있다는 말이 됩니다. ③수보리 장로님! 자기 중심적 생각을 버려야 합니다. 자기 중심적 생각을 버리지 못하면 범부[24]입니다. ④수보리 장로님! 범부들을 제도하였으면서도 제도하였다는 생각을 하지 않아야, 참으로 제도하였다고 할 수 있습니다.

【26】 법신

①수보리 장로님! 어떻게 생각하십니까? 부처님의 상호를 다 갖추었으면 모두 부처님으로 볼 수 있습니까? ②부처님이시여! 아닙니다. 부처님의 상호를 다 갖추

---

24 범부: 지혜가 얕고 우둔한 중생을 말합니다.

었다고 해서 모두 부처님으로 볼 수는 없습니다.

③ **수보리 장로님! 그렇습니다. 참으로 그렇습니다. 부처님의 상호를 다 갖추었다고 해서 모두 부처님으로 본다면, 전륜성왕[25]도 부처님으로 보아야 할 것입니다.**

④ **따라서 부처님의 상호를 다 갖추었다고 해서 모두 부처님으로 볼 수는 없습니다.**

⑤ 부처님이시여! 부처님의 상호를 다 갖추었다고 해서 모두 부처님으로 볼 수는 없다고 하시는 부처님의 말씀을 더 잘 이해하게 되었습니다.

⑥ 이때에 부처님께서 게송을 부르셨습니다.

형상으로 부처님을 보려하거나
음성으로 부처님을 찾으려하면,
옳지않은 길을가고 있기때문에,

---

25 전륜성왕: 하늘로부터 윤보를 굴리면서 사방을 통치하는 왕을 말합니다.

부처님을 만나뵐수 없게됩니다.

⑦부처님은 법으로써 봐야합니다.
부처님은 법신으로 나타납니다.
부처님을 대상에서 찾으려하면,
부처님을 찾을수가 없게됩니다.

【27】 생각이 끊어져서는 안 됨

①수보리 장로님! 어떻게 생각하십니까? 부처님의 상호를 다 갖추었다는 생각을 하지 않으면 모두 '최고의 바른 깨달음을 이루었다'고 할 수 있습니까? ②수보리 장로님! 그렇게 생각하지 마십시오. 수보리 장로님! 부처님의 상호를 다 갖추었다는 생각을 하지 않는다고 해서, 모두 '최고의 바른 깨달음을 이루었다'고 할 수는 없습니다. ③수보리 장로님! 생각이 없는 사람은 참된 보살이라고 할 수 없습니다. ④보살은 생각이 완전히

끊어져서는 안 됩니다.

【28】 보시와 걸리지 않음

①수보리 장로님! '강가강의 모래 수만큼의 세계를 가득 채울 수 있을 만큼의 금은보화를 보시하는 사람'이 짓는 복보다 '어디에도 걸리지 않는 보살'이 짓는 복이 훨씬 더 많습니다. ②수보리 장로님! 이런 보살들은 복을 지었다는 생각을 하지 않을 것입니다.

③부처님이시여! 왜 복을 지었다는 생각을 하지 않아야 합니까?

④수보리 장로님! 복을 지었으면서도 지었다는 생각을 하지 않아야, 참으로 지었다고 할 수 있습니다.

【29】 어떤 것에도 걸리지 않음

①수보리 장로님! "부처님께서는 '와있다 · 가있다 · 서있다 · 앉아있다 · 누워있다'는 생각을 한다"고 말하

는 사람들은 여래의 말을 제대로 이해하지 못하고 있는 것입니다. ② 왔다는 생각에도 걸리지 않고 갔다는 생각에도 걸리지 않아야, 참된 부처님이라고 할 수 있습니다.

【30】 삼천대천세계

① 수보리 장로님! 어떻게 생각하십니까? 삼천대천세계를 잘게 부수었을 때 생기는 티끌들의 수는 많습니까?
② 부처님이시여! 많습니다. 매우 많습니다. 그러나 이 모든 티끌들을 보더라도, 이 모든 티끌들을 본다는 생각을 하면, 제대로 본다고 할 수 없습니다. ③ 이 모든 티끌들을 보면서도 이 모든 티끌들을 본다는 생각을 하지 않아야, 참으로 본다고 할 수 있습니다. ④ 부처님이시여! 삼천대천세계를 보면서도 삼천대천세계를 본다는 생각을 하지 않아야, 참으로 본다고 할 수 있습니다. ⑤ 삼천대천세계를 제대로 본다는 생각을 하는 사람은 일합상에 걸려 있는 것입니다.

⑥일합상을 보면서도 일합상을 본다는 생각을 하지 않아야, 참으로 본다고 할 수 있습니다.

⑦수보리 장로님! 일합상을 보더라도 일합상을 본다는 생각을 하면, 제대로 보지 못하는 범부입니다.

【31】 법을 이해함

①수보리 장로님! 어떻게 생각하십니까? "여래가 '자기 · 인간 · 중생 · 생명 중심적 생각'을 전하였다는 생각을 한다"고 말하는 사람은 여래의 말을 제대로 이해하였습니까?

②부처님이시여! 아닙니다. 이 사람은 부처님의 말씀을 제대로 이해하였다고 할 수 없습니다. ③'자기 · 인간 · 중생 · 생명 중심적 생각'을 전하였으면서도 전하였다는 생각을 하지 않아야, 참으로 전하였다고 할 수 있습니다.

④수보리 장로님! 깨달음을 이루려는 모든 사람은

모든 것을 이와 같이 알아야 하며 이와 같이 이해하고 보아야 합니다. 모든 것을 빠짐없이 놓아야 합니다. ⑤수보리 장로님! 법을 이해하였으면서도 '이해하였다'는 생각을 하지 않아야, 참으로 이해하였다고 할 수 있습니다.

【32】 설법을 마침

①수보리 장로님! '삼천대천세계를 가득 채울 수 있을 만큼의 금은보화를 보시하는 사람'이 짓는 복보다 '이 경의 사행시 하나만이라도 받아 지녀 독송하며 남에게 널리 전해주는 사람'이 짓는 복이 훨씬 더 많습니다. ②어떻게 남에게 널리 전해주어야 하는지 아십니까? 전해준다는 생각을 하지 않아야, 참으로 전해준다고 할 수 있습니다.

③보여지는 일체모든 삼라만상은

꿈허깨비 그림자요 거품입니다.

이슬처럼 번개처럼 지나갑니다.

모든것을 이와같이 봐야합니다.

④부처님께서 이 경을 모두 마치시니, 수보리 장로님 · 남자 스님 · 여자 스님 · 남자 신도 · 여자 신도 · 보살님 · 모든 세상의 하느님들과 사람들과 아수라들과 건달바들이 부처님의 말씀을 듣고 모두 크게 기뻐하셨습니다.

-금강반야바라밀경 끝-

【석가모니 부처님 정근】

영산회상 밝은날에 법화설하고
사라나무 깊은밤에 유교설하신
석가모니 부처님을 염송합니다.

석가모니불!------석가모니불!

천상천하 존귀하신 우리부처님
시방세계 누구보다 귀하십니다.
구석구석 빠짐없이 다찾아봐도
부처님이 가장높고 귀하십니다.
석가모니 부처님길 일심으로 가렵니다.(3회)

부록 2

金剛經

高麗大藏經 古代 中國 漢語 金剛經

鳩摩羅什 譯 · 趙顯春 修正

고대 중국 한어 일러두기

1. 각 장을 절로 구분하였습니다. 【2】⑤는 2장 5절을 말합니다.
2. 아난 존자님의 설명은 흐리게, 수보리 장로님의 말씀과 부처님의 말씀은 **진하게** 하였습니다.
3. 고려대장경에 있는 구마라집 역 고대 중국 한어 금강경을 정리하면서, 【26】은 【13】의 내용과 불일치하고, 범어본과도 불일치하고, 영어본과도 불일치하고, 유지・진제・급다・현장・의정의 중국어본과도 불일치하여 수정 보완하였습니다.
4. 되도록 고려대장경의 글자들을 그대로 살리면서(湏, 陁, 宼, 然燈, 相, 想, 則, 卽, 况), 약자나 고대 글자는 현대 정자로 정리하였습니다(無).
5. 고려대장경과 유통본이 서로 다른 부분은 각주에서 고려대장경-(유통본)으로 밝혔습니다.

【1】法會因由分
법 회 인 유 분

①如是我聞 一時 佛 在舍衛國祇樹給孤獨園 與
여 시 아 문 일 시 불 재 사 위 국 기 수 급 고 독 원 여

大比丘衆 千二百五十人 俱.[1] ②爾時 世尊 食
대 비 구 중 천 이 백 오 십 인 구 이 시 세 존 식

時 着衣持鉢 入舍衛大城 乞食 於其城中 次第
시 착 의 지 발 입 사 위 대 성 걸 식 어 기 성 중 차 제

乞已 還至本處 飯食訖 收衣鉢 洗足已 敷座而
걸 이 환 지 본 처 반 사 흘 수 의 발 세 족 이 부 좌 이

坐. ③[2]
좌

---

1 대부분의 범어본, 티베트어본, 중국 한어본, 영어본, 프랑스어본, 독일어본(이하 다른 본)에는 '많은 보살님들과'가 있습니다.

2 구마라집 선사님의 고대 중국 한어본에는 ③절이 없으나 유지 선사님의 한어본에는 "爾時諸比丘 來詣佛所到已 頂禮佛足 右遶三匝退坐一面"으로 나옵니다.

【2】 善現起請分
선현기청분

①時 長老 須菩提 在大衆中 卽從座起 偏袒右
시 장로 수보리 재대중중 즉종좌기 편단우

肩 右膝着地 合掌恭敬 而白佛言. ②希有世尊.
견 우슬착지 합장공경 이백불언 희유세존

如來 善護念諸菩薩 善付囑諸菩薩. ③世尊 善
여래 선호념제보살 선부촉제보살 세존 선

男子 善女人 發阿耨多羅三藐三菩提心[3] 應云何
남자 선녀인 발아누다라삼먁삼보리심 응운하

住 云何降伏其心?[4] ④佛言 善哉善哉. 須菩提
주 운하항복기심 불언 선재선재 수보리

如汝所說 如來 善護念諸菩薩 善付囑諸菩薩. ⑤
여여소설 여래 선호념제보살 선부촉제보살

汝今諦聽 當爲汝說. 善男子 善女人 發阿耨多
여금제청 당위여설 선남자 선녀인 발아누다

---

3 아누다라삼먁삼보리: 음사 과정을 모르시는 일부 불자들이 "아뇩…"으로 읽었으나 대한불교조계종 통일법요집(2003)에서도 '아누(뇩)다라'가 맞는 음이기에 수정한다고 하였습니다.

4 유지 선사님의 한어본에는 "應云何住 云何修行 云何降伏其心"으로 나옵니다.

羅三藐三菩提心 應如是住 如是降伏其心. ⑥唯
라삼먁삼보리심 응여시주 여시항복기심 유

然 世尊 願樂欲聞.
연 세존 원요욕문

【3】大乘正宗分
대승정종분

①佛告 須菩提 諸菩薩摩訶薩 應如是降伏其心.
불고 수보리 제보살마하살 응여시항복기심

所有一切衆生之類 若卵生 若胎生 若濕生 若化
소유일체중생지류 약란생 약태생 약습생 약화

生 若有色 若無色 若有想 若無想 若非有想非
생 약유색 약무색 약유상 약무상 약비유상비

無想 我皆令入 無餘涅槃 而滅度之. ②如是滅度
무상 아개영입 무여열반 이멸도지 여시멸도

無量無數 無邊衆生 實無衆生 得滅度者. ③[5] ④
무량무수 무변중생 실무중생 득멸도자

何以故 須菩提 若菩薩 有我相 人相 衆生相 壽
하이고 수보리 약보살 유아상 인상 중생상 수

---

5 의정 선사님의 한어본에는 "何以故 妙生 若菩薩 有衆生想者 則不名菩薩"이 나옵니다.

者相 卽非菩薩.
자상 즉비보살

【4】妙行無住分
묘행무주분

①復次 須菩提 菩薩 於法 應無所住 行於布施.
부차 수보리 보살 어법 응무소주 행어보시

②所謂 不住色布施 不住聲香味觸法布施. ③須菩
소위 부주색보시 부주성향미촉법보시 수보

提 菩薩 應如是布施 不住於相. ④何以故 若菩
리 보살 응여시보시 부주어상 하이고 약보

薩 不住相布施 其福德 不可思量. ⑤須菩提 於
살 부주상보시 기복덕 불가사량 수보리 어

意云何 東方虛空 可思量 不? ⑥不也 世尊. ⑦
의운하 동방허공 가사량 부 불야 세존

須菩提 南西北方 四維 上下 虛空 可思量 不?
수보리 남서북방 사유 상하 허공 가사량 부

⑧不也 世尊. ⑨須菩提 菩薩 無住相布施福德
불야 세존 수보리 보살 무주상보시복덕

亦復如是 不可思量. ⑩須菩提 菩薩 但應如所
역부여시 불가사량 수보리 보살 단응여소

教住.[6]
교주

【5】如理實見分
여리실견분

①須菩提 於意云何 可以身相 見如來 不? ②不
수보리 어의운하 가이신상 견여래 부 불

也 世尊. 不可 以身相 得見如來. ③何以故 如
야 세존 불가 이신상 득견여래 하이고 여

來所說 身相 卽非身相. ④佛告 須菩提 凡所有
래소설 신상 즉비신상 불고 수보리 범소유

相 皆是虛妄 若見諸相 非相 則見如來.
상 개시허망 약견제상 비상 즉견여래

【6】正信希有分
정신희유분

①須菩提白佛言 世尊 頗有衆生 得聞如是言說章
수보리백불언 세존 파유중생 득문여시언설장

---

6 약간 지나친 축역입니다. 다른 본과의 비교는 더 이상 하지 않습니다. 별도의 해설 책에서 논의하겠습니다.

句 生實信 不? ②佛告 須菩提 莫作是說. 如來
구 생실신 부 불고 수보리 막작시설 여래

滅後 後五百歲 有持戒修福者 於此章句 能生信
멸후 후오백세 유지계수복자 어차장구 능생신

心 以此爲實. ③當知 是人 不於一佛二佛三四
심 이차위실 당지 시인 불어일불이불삼사

五佛 而種善根已 於無量千萬佛所 種諸善根 聞
오불 이종선근이 어무량천만불소 종제선근 문

是章句 乃至 一念生淨信者. ④須菩提 如來 悉
시장구 내지 일념생정신자 수보리 여래 실

知悉見. 是諸衆生 得如是無量福德. ⑤何以故 是
지실견 시제중생 득여시무량복덕 하이고 시

諸衆生 無復我相 人相 衆生相 壽者相. ⑥無法
제중생 무부아상 인상 중생상 수자상 무법

相 亦無非法相. ⑦何以故 是諸衆生 若心取相
상 역무비법상 하이고 시제중생 약심취상

則爲着我人衆生壽者[7]. 若取法相 卽着我人衆生壽
즉위착아인중생수자 약취법상 즉착아인중생수

者 何以故[8] 若取非法相 卽着我人衆生壽者. ⑧
자 하이고 약취비법상 즉착아인중생수자

---

7 "若心取相 則爲着我人衆生壽者"는 다른 본에는 없습니다.

是故 不應取法 不應取非法. ⑨以是義故 如來常
시고 불응취법 불응취비법 이시의고 여래상

說 汝等比丘 知我說法 如筏喩者 法尙應捨 何況
설 여등비구 지아설법 여벌유자 법상응사 하황

非法.
비법

【7】無得無說分
무득무설분

①須菩提 於意云何 如來得 阿耨多羅三藐三菩提
수보리 어의운하 여래득 아누다라삼먁삼보리

耶 如來有 所說法耶? ②須菩提言 如我解佛所
야 여래유 소설법야 수보리언 여아해불소

說義 無有定法 名阿耨多羅三藐三菩提 亦 無有
설의 무유정법 명아누다라삼먁삼보리 역 무유

定法 如來可說. ③何以故 如來所說法 皆不可取
정법 여래가설 하이고 여래소설법 개불가취

---

8 若取法相 卽着我人衆生壽者 何以故 - (何以故 若取法相 卽着我人衆生壽者) : 고려대장경에는 若取法相 卽着我人衆生壽者 何以故로 되어 있고, 이본에는 何以故 若取法相 卽着我人衆生壽者으로 되어 있기도 합니다.

不可說. ④非法 非非法. ⑤所以者何 一切賢聖
불가설 비법 비비법 소이자하 일체현성

皆以無爲法 而有差別.
개이무위법 이유차별

【8】依法出生分
의법출생분

①須菩提 於意云何 若人滿三千大千世界七寶 以
수보리 어의운하 약인만삼천대천세계칠보 이

用布施 是人所得福德 寧爲多 不? ②須菩提言
용보시 시인소득복덕 영위다 부 수보리언

甚多 世尊. 何以故 是福德 卽非福德性 是故 如
심다 세존 하이고 시복덕 즉비복덕성 시고 여

來說 福德多. ③若復有人 於此經中 受持 乃至
래설 복덕다 약부유인 어차경중 수지 내지

四句偈等 爲他人說 其福勝彼. ④何以故 須菩
사구게등 위타인설 기복승피 하이고 수보

提 一切諸佛 及 諸佛阿耨多羅三藐三菩提法 皆
리 일체제불 급 제불아누다라삼먁삼보리법 개

從此經出. ⑤須菩提 所謂 佛法者 卽非佛法.[9]
종차경출 수보리 소위 불법자 즉비불법

【9】一相無相分
일 상 무 상 분

①須菩提 於意云何 須陁洹 能作是念 我得須陁
수보리 어의운하 수다원 능작시념 아득수다

洹果 不? ②須菩提言 不也 世尊. 何以故 須陁
원과 부 수보리언 불야 세존 하이고 수다

洹 名爲入流 而無所入 不入色聲香味觸法 是名
원 명위입류 이무소입 불입색성향미촉법 시명

須陁洹.[10] ③須菩提 於意云何 斯陁含 能作是念
수다원 수보리 어의운하 사다함 능작시념

我得斯陁含果 不? ④須菩提言 不也 世尊. 何
아득사다함과 부 수보리언 불야 세존 하

以故 斯陁含 名一往來 而實無往來 是名斯陁含.
이고 사다함 명일왕래 이실무왕래 시명사다함

⑤須菩提 於意云何 阿那含 能作是念 我得阿那
수보리 어의운하 아나함 능작시념 아득아나

含果 不? ⑥須菩提言 不也 世尊. 何以故 阿那
함과 부 수보리언 불야 세존 하이고 아나

---

9 佛法者 卽非佛法 – (佛法者 卽非佛法 是名佛法)

10 다른 본에는 '나는 수다원의 경지를 이루었다는 생각을 하는 사람은 자기·인간·중생·생명 중심적 생각을 하고 있는 것입니다'가 있습니다.

舍 名爲不來 而實無來[11] 是故 名阿那含. ⑦須菩
함 명위불래 이실무래 시고 명아나함 수보

提 於意云何 阿羅漢 能作是念 我得阿羅漢道 不?
리 어의운하 아라한 능작시념 아득아라한도 부

⑧須菩提言 不也 世尊. 何以故 實無有法 名阿
수보리언 불야 세존 하이고 실무유법 명아

羅漢. ⑨世尊 若阿羅漢作是念 我得阿羅漢道 卽
라한 세존 약아라한작시념 아득아라한도 즉

爲着我人衆生壽者. ⑩世尊 佛說 我得無諍三昧
위착아인중생수자 세존 불설 아득무쟁삼매

人中 最爲第一 是第一離欲阿羅漢. 我不作是念[12]
인중 최위제일 시제일이욕아라한 아불작시념

我是離欲阿羅漢. ⑪世尊 我若作是念 我得阿羅
아시이욕아라한 세존 아약작시념 아득아라

漢道 世尊 則不說 須菩提 是樂阿蘭那行者. ⑫
한도 세존 즉불설 수보리 시요아란나행자

以須菩提實無所行 而名須菩提 是樂阿蘭那行.
이수보리실무소행 이명수보리 시요아란나행

11 而實無來 – (而實無不來)

12 我不作是念 – (世尊 我不作是念)

【10】莊嚴淨土分
장엄정토분

①佛告 須菩提 於意云何 如來昔在 然燈佛所 於
불고 수보리 어의운하 여래석재 연등불소 어

法有所得 不? ②世尊.[13] 如來在 然燈佛所 於
법유소득 부 세존 여래재 연등불소 어

法 實無所得. ③須菩提 於意云何 菩薩 莊嚴佛土
법 실무소득 수보리 어의운하 보살 장엄불토

不? ④不也 世尊. 何以故 莊嚴佛土者 則非莊嚴
부 불야 세존 하이고 장엄·불토자 즉비장엄

是名莊嚴. ⑤是故 須菩提 諸菩薩摩訶薩 應如
시명장엄 시고 수보리 제보살마하살 응여

是生淸淨心. 不應住色生心 不應住聲香味觸法生
시생청정심 불응주색생심 불응주성향미촉법생

心. 應無所住 而生其心. ⑥須菩提 譬如有人 身
심 응무소주 이생기심 수보리 비여유인 신

如須彌山王 於意云何 是身爲大 不? ⑦須菩提
여수미산왕 어의운하 시신위대 부 수보리

言 甚大 世尊. ⑧何以故 佛說 非身 是名大身.
언 심대 세존 하이고 불설 비신 시명대신

---

13 世尊 – (不也 世尊)

【11】 無爲福勝分
무위복승분

①須菩提 如恒河中所有沙數 如是沙等恒河 於意
수보리 여강가중소유사수 여시사등강가 어의

云何 是諸恒河沙 寧爲多 不? ②須菩提言 甚
운하 시제강가사 영위다 부 수보리언 심

多 世尊. 但諸恒河 尙多無數 何况其沙. ③須
다 세존 단제강가 상다무수 하황기사 수

菩提 我今 實言告汝. 若有善男子 善女人 以七
보리 아금 실언고여 약유선남자 선여인 이칠

寶滿爾所恒河沙數 三千大千世界 以用布施 得
보만이소강가사수 삼천대천세계 이용보시 득

福多 不? ④須菩提言 甚多 世尊. ⑤佛告 須
복다 부 수보리언 심다 세존 불고 수

菩提 若善男子 善女人 於此經中 乃至 受持 四
보리 약선남자 선여인 어차경중 내지 수지 사

句偈等 爲他人說 而此福德 勝前福德.
구게등 위타인설 이차복덕 승전복덕

【12】尊重正教分
존중정교분

①復次 須菩提 隨說是經 乃至 四句偈等 當知此
부차 수보리 수설시경 내지 사구게등 당지차

處 一切世間 天 人 阿修羅 皆應供養 如佛塔
처 일체세간 천 인 아수라 개응공양 여불탑

廟. ②何況有人 盡能受持讀誦. ③須菩提 當知
묘 하황유인 진능수지독송 수보리 당지

是人 成就最上 第一希有之法. ④若是經典 所
시인 성취최상 제일희유지법 약시경전 소

在之處 則爲有佛 若尊重弟子.
재지처 즉위유불 약존중제자

【13】如法受持分
여법수지분

①爾時 須菩提白佛言 世尊 當何名此經 我等云
이시 수보리백불언 세존 당하명차경 아등운

何奉持? ②佛告 須菩提 是經 名爲 金剛般若
하봉지 불고 수보리 시경 명위 금강반야

波羅蜜 以是名字 汝當奉持. ③所以者何 須菩
바라밀 이시명자 여당봉지 소이자하 수보

提 佛說 般若波羅蜜 則非般若波羅蜜.[14] ④須菩
리 불설 반야바라밀 즉비반야바라밀 수보

提 於意云何 如來有所說法 不? ⑤須菩提白佛
리 어의운하 여래유소설법 부 수보리백불

言 世尊 如來無所說. ⑥須菩提 於意云何 三千
언 세존 여래무소설 수보리 어의운하 삼천

大千世界所有微塵 是爲多 不? ⑦須菩提言 甚
대천세계소유미진 시위다 부 수보리언 심

多 世尊. ⑧須菩提 諸微塵 如來說 非微塵 是
다 세존 수보리 제미진 여래설 비미진 시

名微塵. ⑨如來說 世界 非世界 是名世界. ⑩
명미진 여래설 세계 비세계 시명세계

須菩提 於意云何 可以三十二相 見如來 不? ⑪
수보리 어의운하 가이삼십이상 견여래 부

不也 世尊. 不可 以三十二相 得見如來. ⑫何
불야 세존 불가 이삼십이상 득견여래 하

以故 如來說 三十二相 卽是非相 是名三十二相.
이고 여래설 삼십이상 즉시비상 시명삼십이상

⑬須菩提 若有善男子 善女人 以恒河沙等 身命
수보리 약유선남자 선여인 이강가사등 신명

---

14 則非般若波羅蜜 – (則非般若波羅蜜 是名般若波羅蜜)

布施. 若復有人 於此經中 乃至 受持 四句偈等
보시 약부유인 어차경중 내지 수지 사구게등

爲他人說 其福甚多.
위타인설 기복심다

【14】離相寂滅分
이상적멸분

①爾時 須菩提 聞說是經 深解義趣 涕淚悲泣 而
이시 수보리 문설시경 심해의취 체루비읍 이

白佛言 ②希有 世尊. 佛說 如是甚深經典. ③我
백불언 희유 세존 불설 여시심심경전 아

從昔來 所得慧眼. 未曾得聞 如是之經. ④世尊
종석래 소득혜안 미증득문 여시지경 세존

若復有人 得聞是經 信心淸淨 則生實相. 當知
약부유인 득문시경 신심청정 즉생실상 당지

是人成就第一 希有功德. ⑤世尊 是實相者 則
시인성취제일 희유공덕 세존 시실상자 즉

是非相 是故 如來說 名實相. ⑥世尊 我今得聞
시비상 시고 여래설 명실상 세존 아금득문

如是經典 信解受持 不足爲難 若當來世 後五百
여시경전 신해수지 부족위난 약당래세 후오백

歲 其有衆生 得聞是經 信解受持 是人 則爲第一
세 기유중생 득문시경 신해수지 시인 즉위제일

希有. ⑦何以故 此人 無我相 人相 衆生相 壽
희유 하이고 차인 무아상 인상 중생상 수

者相.[15] ⑧所以者何 我相 卽是非相 人相 衆生
자상 소이자하 아상 즉시비상 인상 중생

相 壽者相 卽是非相. ⑨何以故 離一切諸相 則
상 수자상 즉시비상 하이고 이일체제상 즉

名諸佛. ⑩佛告 須菩提 如是如是. 若復有人 得
명제불 불고 수보리 여시여시 약부유인 득

聞是經 不驚 不怖 不畏 當知 是人 甚爲希有.
문시경 불경 불포 불외 당지 시인 심위희유

⑪何以故 須菩提 如來說 第一波羅蜜 非第一波
하이고 수보리 여래설 제일바라밀 비제일바

羅蜜[16] 是名第一波羅蜜. ⑫須菩提 忍辱波羅蜜 如
라밀 시명제일바라밀 수보리 인욕바라밀 여

來說 非忍辱波羅蜜.[17] ⑬何以故 須菩提 如我昔
래설 비인욕바라밀 하이고 수보리 여아석

---

15 無我相 人相 衆生相 壽者相 – (無我相 無人相 無衆生相 無壽者相)

16 非第一波羅蜜 – (卽非第一波羅蜜)

爲歌利王 割截身體 我於爾時 無我相 無人相 無
위가리왕 할절신체 아어이시 무아상 무인상 무

衆生相 無壽者相. ⑭何以故 我於往昔節節支解
중생상 무수자상 하이고 아어왕석절절지해

時 若有我相 人相 衆生相 壽者相 應生瞋恨. ⑮
시 약유아상 인상 중생상 수자상 응생진한

須菩提 又念過去 於五百世 作忍辱仙人 於爾所
수보리 우념과거 어오백세 작인욕선인 어이소

世 無我相 無人相 無衆生相 無壽者相. ⑯是故
세 무아상 무인상 무중생상 무수자상 시고

須菩提 菩薩 應離一切相 發阿耨多羅三藐三菩提
수보리 보살 응리일체상 발아누다라삼먁삼보리

心. ⑰不應住色生心 不應住聲香味觸法生心. ⑱
심 불응주색생심 불응주성향미촉법생심

應生無所住心. 若心有住 則爲非住. ⑲是故 佛說
응생무소주심 약심유주 즉위비주 시고 불설

菩薩心 不應住色布施. 須菩提 菩薩 爲 利益一
보살심 불응주색보시 수보리 보살 위 이익일

切衆生 應如是布施. ⑳如來說 一切諸相 卽是
체중생 응여시보시 여래설 일체제상 즉시

17 非忍辱波羅蜜 – (非忍辱波羅蜜 是名忍辱波羅蜜)

非相 又說 一切衆生 則非衆生. ㉑須菩提 如來
비상 우설 일체중생 즉비중생 수보리 여래

是眞語者 實語者 如語者. 不誑語者 不異語者.
시진어자 실어자 여어자 불광어자 불이어자

㉒須菩提 如來所得法 此法 無實 無虛. ㉓須菩
수보리 여래소득법 차법 무실 무허 수보

提 若菩薩心住於法 而行布施 如人入暗 則無所
리 약보살심주어법 이행보시 여인입암 즉무소

見. ㉔若 菩薩心不住法 而行布施 如人有目 日光
견 약 보살심부주법 이행보시 여인유목 일광

明照 見種種色. ㉕須菩提 當來之世 若有善男子
명조 견종종색 수보리 당래지세 약유선남자

善女人 能於此經 受持讀誦 則爲如來 以佛智慧
선여인 능어차경 수지독송 즉위여래 이불지혜

悉知是人 悉見是人. 皆得成就 無量無邊功德.
실지시인 실견시인 개득성취 무량무변공덕

【15】持經功德分
지경공덕분

①須菩提 若有善男子 善女人 初日分 以恒河沙
수보리 약유선남자 선여인 초일분 이강가사

等身布施 中日分 復以恒河沙等身布施 後日分
등신보시 중일분 부이강가사등신보시 후일분

亦以恒河沙等身布施 如是無量百千萬億劫 以身
역이강가사등신보시 여시무량백천만억겁 이신

布施 若復有人 聞此經典 信心不逆 其福勝彼.
보시 약부유인 문차경전 신심불역 기복승피

②何况書寫 受持讀誦 爲人解說. ③須菩提 以
하황서사 수지독송 위인해설 수보리 이

要言之 是經有 不可思議 不可稱量 無邊功德.
요언지 시경유 불가사의 불가칭량 무변공덕

④如來 爲發大乘者說 爲發冣上乘者說. ⑤若 有
여래 위발대승자설 위발최상승자설 약 유

人 能受持讀誦 廣爲人說 如來 悉知是人 悉見
인 능수지독송 광위인설 여래 실지시인 실견

是人. ⑥皆得成就 不可量 不可稱 無有邊 不可
시인 개득성취 불가량 불가칭 무유변 불가

思議功德. ⑦如是人等 則爲荷擔 如來阿耨多羅
사의공덕 여시인등 즉위하담 여래아누다라

三藐三菩提. ⑧何以故 須菩提 若樂小法者 着我
삼먁삼보리 하이고 수보리 약요소법자 착아

見 人見 衆生見 壽者見 則於此經 不能 聽受
견 인견 중생견 수자견 즉어차경 불능 청수

讀誦 爲人解說. ⑨須菩提 在在處處 若有此經
독송 위인해설 수보리 재재처처 약유차경

一切世間 天 人 阿修羅 所應供養. 當知 此處
일체세간 천 인 아수라 소응공양 당지 차처

則爲是塔 皆應恭敬 作禮圍繞 以諸華香 而散其
즉위시탑 개응공경 작례위요 이제화향 이산기

處.
처

【16】能淨業障分
능정업장분

①復次 須菩提 善男子 善女人 受持讀誦此經 若
부차 수보리 선남자 선여인 수지독송차경 약

爲人輕賤 是人 先世罪業 應墮惡道 以今世人輕
위인경천 시인 선세죄업 응타악도 이금세인경

賤故 先世罪業 則爲消滅 當得阿耨多羅三藐三
천고 선세죄업 즉위소멸 당득아누다라삼막삼

菩提. ②須菩提 我念過去無量阿僧祇劫 於然燈
보리 수보리 아념과거무량아승기겁 어연등

佛前 得値八百四千萬億那由他諸佛 悉皆供養承
불전 득치팔백사천만억나유타제불 실개공양승

事 無空過者. ③若復有人 於後末世 能受持讀
사 무공과자 약부유인 어후말세 능수지독

誦此經 所得功德 於我所供養諸佛功德 百分 不
송차경 소득공덕 어아소공양제불공덕 백분 불

及一 千萬億分 乃至 算數譬喩 所不能及. ④須
급일 천만억분 내지 산수비유 소불능급 수

菩提 若 善男子 善女人 於後末世 有受持讀誦
보리 약 선남자 선여인 어후말세 유수지독송

此經 所得功德 我若具說者 或有人聞 心則狂亂
차경 소득공덕 아약구설자 혹유인문 심즉광란

狐疑不信. ⑤須菩提 當知 是經義 不可思議 果
호의불신 수보리 당지 시경의 불가사의 과

報 亦 不可思議.
보 역 불가사의

【17】究竟無我分
구경무아분

①爾時 須菩提白佛言 世尊 善男子 善女人 發
이시 수보리백불언 세존 선남자 선여인 발

阿耨多羅三藐三菩提心 云何應住 云何降伏其心?
아누다라삼먁삼보리심 운하응주 운하항복기심

②佛告 須菩提 善男子 善女人[18] 發阿耨多羅三
불고 수보리 선남자 선여인 발아누다라삼

藐三菩提者[19] 當生如是心. 我應滅度一切衆生. ③
약삼보리자 당생여시심 아응멸도일체중생

滅度一切衆生已 而無有一衆生 實滅度者. ④何
멸도일체중생이 이무유일중생 실멸도자 하

以故 須菩提 若菩薩 有我相 人相 衆生相 壽
이고 수보리 약보살 유아상 인상 중생상 수

者相 則非菩薩. ⑤所以者何 須菩提 實無有法
자상 즉비보살 소이자하 수보리 실무유법

發阿耨多羅三藐三菩提者.[20] ⑥須菩提 於意云何
발아누다라삼먁삼보리자 수보리 어의운하

如來於然燈佛所 有法得 阿耨多羅三藐三菩提 不?
여래어연등불소 유법득 아누다라삼먁삼보리 부

⑦不也 世尊. 如我解佛所說義 佛於然燈佛所 無
불야 세존 여아해불소설의 불어연등불소 무

有法 得阿耨多羅三藐三菩提. ⑧佛言 如是如是.
유법 득아누다라삼먁삼보리 불언 여시여시

---

18 善男子 善女人 – (若 善男子 善女人)

19 發阿耨多羅三藐三菩提者 – (發阿耨多羅三藐三菩提心者)

20 發阿耨多羅三藐三菩提者 – (發阿耨多羅三藐三菩提心者)

須菩提 實無有法 如來得 阿耨多羅三藐三菩提.
수보리 실무유법 여래득 아누다라삼먁삼보리

⑨須菩提 若有法 如來得 阿耨多羅三藐三菩提者
수보리 약유법 여래득 아누다라삼먁삼보리자

然燈佛 則不與我受記[21] 汝於來世 當得作佛 號
연등불 즉불여아수기 여어래세 당득작불 호

釋迦牟尼. ⑩以實無有法 得阿耨多羅三藐三菩提
석가모니 이실무유법 득아누다라삼먁삼보리

是故 然燈佛 與我受記[22] 作是言 汝於來世 當
시고 연등불 여아수기 작시언 여어래세 당

得作佛 號釋迦牟尼. ⑪何以故 如來者 卽諸法如
득작불 호석가모니 하이고 여래자 즉제법여

義. ⑫若有人言 如來得 阿耨多羅三藐三菩提.
의 약유인언 여래득 아누다라삼먁삼보리

須菩提 實無有法 佛得 阿耨多羅三藐三菩提. ⑬
수보리 실무유법 불득 아누다라삼먁삼보리

須菩提 如來所得 阿耨多羅三藐三菩提 於是中 無
수보리 여래소득 아누다라삼먁삼보리 어시중 무

21 受記 – (授記)

22 受記 – (授記)

實 無虛. 是故 如來說 一切法 皆是佛法. ⑭須
실 무허 시고 여래설 일체법 개시불법 수

菩提 所言 一切法者 卽非一切法 是故名一切法.
보리 소언 일체법자 즉비일체법 시고명일체법

⑮須菩提 譬如 人身長大. ⑯須菩提言 世尊 如
수보리 비여 인신장대 수보리언 세존 여

來說 人身長大 則爲非大身 是名大身. ⑰須菩提
래설 인신장대 즉위비대신 시명대신 수보리

菩薩 亦如是. 若作是言 我當滅度 無量衆生 則
보살 역여시 약작시언 아당멸도 무량중생 즉

不名菩薩. ⑱何以故 須菩提 實無有法 名爲菩
불명보살 하이고 수보리 실무유법 명위보

薩. ⑲是故 佛說 一切法 無我 無人 無衆生 無
살 시고 불설 일체법 무아 무인 무중생 무

壽者. ⑳須菩提 若菩薩 作是言 我當莊嚴佛土
수자 수보리 약보살 작시언 아당장엄불토

是不名菩薩. ㉑何以故 如來說 莊嚴佛土者 卽
시불명보살 하이고 여래설 장엄불토자 즉

非莊嚴 是名莊嚴. ㉒須菩提 若菩薩 通達無我
비장엄 시명장엄 수보리 약보살 통달무아

法者 如來說 名眞是菩薩.
법자 여래설 명진시보살

【18】 一體同觀分
일체동관분

①須菩提 於意云何 如來有肉眼 不? ②如是 世
수보리 어의운하 여래유육안 부 여시 세

尊. 如來有肉眼. ③須菩提 於意云何 如來有天
존 여래유육안 수보리 어의운하 여래유천

眼 不? ④如是 世尊. 如來有天眼. ⑤須菩提 於
안 부 여시 세존 여래유천안 수보리 어

意云何 如來有慧眼 不? ⑥如是 世尊. 如來有
의운하 여래유혜안 부 여시 세존 여래유

慧眼. ⑦須菩提 於意云何 如來有法眼 不? ⑧
혜안 수보리 어의운하 여래유법안 부

如是 世尊. 如來有法眼. ⑨須菩提 於意云何 如
여시 세존 여래유법안 수보리 어의운하 여

來有佛眼 不? ⑩如是 世尊. 如來有佛眼. ⑪須
래유불안 부 여시 세존 여래유불안 수

菩提 於意云何 恒河中所有沙[23] 佛說是沙 不?
보리 어의운하 강가중소유사 불설시사 부

⑫如是 世尊. 如來說是沙. ⑬須菩提 於意云何
여시 세존 여래설시사 수보리 어의운하

---

23 恒河中所有沙 – (如恒河中所有沙)

如一恒河中所有沙　有如是等恒河.[24]　是諸恒河所
여일강가중소유사　유여시등강가　시제강가소

有沙數　佛世界　如是　寧爲多　不?　⑭甚多　世
유사수　불세계　여시　영위다　부　심다　세

尊.　⑮佛告　須菩提　爾所國土中　所有衆生　若干
존　불고　수보리　이소국토중　소유중생　약간

種心　如來悉知.　⑯何以故　如來說　諸心　皆爲非
종심　여래실지　하이고　여래설　제심　개위비

心　是名爲心.　⑰所以者何　須菩提　過去心不可
심　시명위심　소이자하　수보리　과거심불가

得　現在心不可得　未來心不可得.
득　현재심불가득　미래심불가득

【19】法界通化分
법계통화분

①須菩提　於意云何　若有人　滿三千大千世界七
수보리　어의운하　약유인　만삼천대천세계칠

寶　以用布施　是人　以是因緣　得福多　不?　②如
보　이용보시　시인　이시인연　득복다　부　여

24 有如是等恒河 –(有如是沙等恒河)

是 世尊. ③此人 以是因緣 得福 甚多. ④須菩
시 세존 차인 이시인연 득복 심다 수보

提 若 福德有實 如來不說 得福德多. 以福德
리 약 복덕유실 여래불설 득복덕다 이복덕

無故 如來說 得福德多.
무고 여래설 득복덕다

【20】離色離相分
이색이상분

①須菩提 於意云何 佛 可以具足色身見 不? ②
수보리 어의운하 불 가이구족색신견 부

不也 世尊. 如來 不應以具足色身見. ③何以故
불야 세존 여래 불응이구족색신견 하이고

如來說 具足色身 卽非具足色身 是名具足色身.
여래설 구족색신 즉비구족색신 시명구족색신

④須菩提 於意云何 如來 可以具足諸相見 不?
수보리 어의운하 여래 가이구족제상견 부

⑤不也 世尊. 如來 不應以具足諸相 見. ⑥何以
불야 세존 여래 불응이구족제상 견 하이

故 如來說 諸相具足 卽非具足 是名諸相具足.
고 여래설 제상구족 즉비구족 시명제상구족

【21】非說所說分
비설소설분

①須菖提 汝 勿謂 如來作是念 我當有所說法.
수보리 여 물위 여래작시념 아당유소설법

②莫作是念. ③何以故 若人言 如來有所說法 卽
막작시념 하이고 약인언 여래유소설법 즉

爲謗佛 不能解我所說故. ④須菩提 說法者 無
위방불 불능해아소설고 수보리 설법자 무

法可說 是名說法. ⑤爾時 慧命 須菩提白佛言
법가설 시명설법 이시 혜명 수보리백불언

世尊 頗有衆生 於未來世 聞說是法 生信心 不?
세존 파유중생 어미래세 문설시법 생신심 부

⑥佛言 須菩提 彼非衆生 非不衆生. ⑦何以故
불언 수보리 피비중생 비불중생 하이고

須菩提 衆生衆生者 如來說 非衆生 是名衆生.
수보리 중생중생자 여래설 비중생 시명중생

【22】無法可得分
무법가득분

①須菩提白佛言 世尊 佛得 阿耨多羅三藐三菩
수보리백불언 세존 불득 아누다라삼먁삼보

提 爲無所得耶? ②如是如是.[25] ③須菩提 我於
리 위무소득야 여시여시 수보리 아어

阿耨多羅三藐三菩提 乃至 無有少法可得 是名阿
아누다라삼먁삼보리 내지 무유소법가득 시명아

耨多羅三藐三菩提.
누다라삼먁삼보리

【23】淨心行善分
정심행선분

①復次 須菩提 是法平等無有高下 是名阿耨多羅
부차 수보리 시법평등무유고하 시명아누다라

三藐三菩提. ②以無我 無人 無衆生 無壽者 修
삼먁삼보리 이무아 무인 무중생 무수자 수

一切善法 則得阿耨多羅三藐三菩提. ③須菩提 所
일체선법 즉득아누다라삼먁삼보리 수보리 소

言 善法者 如來說 非善法[26] 是名善法.
언 선법자 여래설 비선법 시명선법

---

25 如是如是 – (佛言 如是如是)

26 非善法 – (卽非善法)

【24】 福智無比分
복지무비분

①須菩提 若三千大千世界中 所有諸須彌山王 如
수보리 약삼천대천세계중 소유제수미산왕 여

是等七寶聚 有人 持用布施 若人 以此般若波羅
시등칠보취 유인 지용보시 약인 이차반야바라

蜜經 乃至 四句偈等 受持讀誦 爲他人說 於前
밀경 내지 사구게등 수지독송 위타인설 어전

福德 百分 不及一 百千萬億分 乃至 算數譬喩
복덕 백분 불급일 백천만억분 내지 산수비유

所不能及.
소불능급

【25】 化無所化分
화무소화분

①須菩提 於意云何 汝等 勿謂 如來作是念 我
수보리 어의운하 여등 물위 여래작시념 아

當度衆生? 須菩提 莫作是念. 何以故 實無有衆
당도중생 수보리 막작시념 하이고 실무유중

生 如來度者 ②若有衆生 如來度者 如來 則有
생 여래도자 약유중생 여래도자 여래 즉유

我人衆生壽者. ③須菩提 如來說 有我者 則非
아인중생수자 수보리 여래설 유아자 즉비

有我 而凡夫之人 以爲有我. ④須菩提 凡夫者
유아 이범부지인 이위유아 수보리 범부자

如來說 則非凡夫.[27]
여래설 즉비범부

【26】法身非相分
법신비상분

①須菩提 於意云何 可以三十二相 觀如來 不?[28]
수보리 어의운하 가이삼십이상 관여래 부

②須菩提言 不也 世尊 不應 以三十二相 觀如來.
수보리언 불야 세존 불응 이삼십이상 관여래

③佛言 如是如是. 如汝所說 不應 以三十二相
불언 여시여시 여여소설 불응 이삼십이상

---

27 則非凡夫 – (則非凡夫 是名凡夫)

28 고려대장경 【26】장 ②須菩提言 如是如是. 以三十二相 觀如來. ③佛言 須菩提 若以三十二相 觀如來者 轉輪聖王 卽是如來.로 되어 있으나, 【13】장 ⑪절의 내용과 맞지 않고, 다른 본과도 맞지 않아서 수정하였습니다.

觀如來. ④須菩提 若以三十二相 觀如來者 轉
관여래 수보리 약이삼십이상 관여래자 전

輪聖王 則是如來 ⑤須菩提白佛言 世尊 如我解
륜성왕 즉시여래 수보리백불언 세존 여아해

佛所說義 不應 以三十二相 觀如來. ⑥爾時 世
불소설의 불응 이삼십이상 관여래 이시 세

尊 而說偈言 若以色見我 以音聲求我 是人行邪
존 이설게언 약이색견아 이음성구아 시인행사

道 不能見如來. ⑦[29]
도 불능견여래

【27】無斷無滅分
무단무멸분

①須菩提 汝若作是念 如來 不以具足相 故得阿
수보리 여약작시념 여래 불이구족상 고득아

耨多羅三藐三菩提. ②須菩提 莫作是念. 如來
누다라삼먁삼보리 수보리 막작시념 여래

不以具足相 故得阿耨多羅三藐三菩提. ③須菩提
불이구족상 고득아누다라삼먁삼보리 수보리

29 유지 선사님의 한어본에는 "彼如來妙體 卽法身諸佛 法體不可見 彼識不能知"으로 나옵니다.

汝若作是念 發阿耨多羅三藐三菩提者[30] 說諸法斷
여약작시념 발아누다라삼먁삼보리자 설제법단

滅相.[31] ④莫作是念. 何以故 發阿耨多羅三藐三
멸상 막작시념 하이고 발아누다라삼먁삼

菩提心者 於法不說斷滅相.
보리심자 어법불설단멸상

【28】 不受不貪分
불수불탐분

①須菩提 若 菩薩 以滿恒河沙等世界七寶 布施[32]
수보리 약 보살 이만강가사등세계칠보 보시

若復有人 知一切法 無我得成於忍 此菩薩 勝前
약부유인 지일체법 무아득성어인 차보살 승전

菩薩 所得功德. ②須菩提[33] 以諸菩薩 不受福
보살 소득공덕 수보리 이제보살 불수복

德故. ③須菩提白佛言 世尊 云何 菩薩 不受
덕고 수보리백불언 세존 운하 보살 불수

30 發阿耨多羅三藐三菩提者 – (發阿耨多羅三藐三菩提心者)

31 說諸法斷滅相 – (說諸法斷滅)

32 布施 – (持用布施)

33 須菩提 – (何以故 須菩提)

福德? ④須菩提 菩薩 所作福德 不應貪着 是
복덕 수보리 보살 소작복덕 불응탐착 시

故說 不受福德.
고설 불수복덕

【29】威儀寂靜分
위의적정분

①須菩提 若有人言 如來 若來 若去 若坐 若
수보리 약유인언 여래 약래 약거 약좌 약

臥 是人不解 我所說義. ②何以故 如來者 無所
와 시인불해 아소설의 하이고 여래자 무소

從來 亦無所去 故名如來.
종래 역무소거 고명여래

【30】一合理相分
일합리상분

①須菩提 若善男子 善女人 以三千大千世界 碎
수보리 약선남자 선여인 이삼천대천세계 쇄

爲微塵 於意云何 是微塵衆 寧爲多 不? ②甚
위미진 어의운하 시미진중 영위다 부 심

多 世尊.[34] 何以故 若 是微塵衆 實有者 佛 則
다 세존 하이고 약 시미진중 실유자 불 즉

不說 是微塵衆. ③所以者何 佛說 微塵衆 則非
불설 시미진중 소이자하 불설 미진중 즉비

微塵衆 是名微塵衆. ④世尊 如來所說 三千大
미진중 시명미진중 세존 여래소설 삼천대

千世界 則非世界 是名世界. ⑤何以故 若 世界
천세계 즉비세계 시명세계 하이고 약 세계

實有者 則是一合相. ⑥如來說 一合相 則非一
실유자 즉시일합상 여래설 일합상 즉비일

合相 是名一合相. ⑦須菩提 一合相者 則是不
합상 시명일합상 수보리 일합상자 즉시불

可說 但凡夫之人 貪着其事.
가설 단범부지인 탐착기사

【31】 知見不生分
지견불생분

①須菩提 若人言 佛說 我見 人見 衆生見 壽者
수보리 약인언 불설 아견 인견 중생견 수자

---

34 甚多 世尊 – (須菩提言 甚多 世尊)

見. 須菩提 於意云何 是人解 我所說義 不? ②
견 수보리 어의운하 시인해 아소설의 부

世尊.[35] 是人不解 如來所說義. ③何以故 世尊
세존 시인불해 여래소설의 하이고 세존

說 我見 人見 衆生見 壽者見 卽非我見 人見
설 아견 인견 중생견 수자견 즉비아견 인견

衆生見 壽者見 是名 我見 人見 衆生見 壽者
중생견 수자견 시명 아견 인견 중생견 수자

見. ④須菩提 發阿耨多羅三藐三菩提心者 於一
견 수보리 발아누다라삼먁삼보리심자 어일

切法 應如是知 如是見 如是信解. 不生法相. ⑤
체법 응여시지 여시견 여시신해 불생법상

須菩提 所言法相者 如來說 卽非法相 是名法相.
수보리 소언법상자 여래설 즉비법상 시명법상

【32】應化非眞分
응화비진분

①須菩提 若有人 以滿無量阿僧祇世界七寶 持用
수보리 약유인 이만무량아승기세계칠보 지용

35 世尊 – (不也 世尊)

布施 若有善男子 善女人 發菩薩心者 持於此經
보시 약유선남자 선여인 발보살심자 지어차경

乃至 四句偈等 受持讀誦 爲人演說 其福勝彼.
내지 사구게등 수지독송 위인연설 기복승피

②云何 爲人演說? 不取於相 如如不動.[36] ③何以
운하 위인연설 불취어상 여여부동 하이

故 一切有爲法 如夢幻泡影 如露亦如電 應作如
고 일체유위법 여몽환포영 여로역여전 응작여

是觀. ④ 佛說 是經已 長老 須菩提 及 諸比丘
시관 불설 시경이 장로 수보리 급 제비구

比丘尼 優婆塞 優婆夷 一切世間 天 人 阿修
비구니 우바새 우바이 일체세간 천 인 아수

羅 聞佛所說 皆大歡喜 信受奉行.
라 문불소설 개대환희 신수봉행

金剛般若波羅蜜經終
금강반야바라밀경종

36 대장경에는 不取於相 如如不動으로 되어 있고 다른 본에는 "不取於相 是名爲人演說"로 되어 있기도 하나 뜻은 비슷합니다.

영어금강경 역자 발문

고맙습니다.
역자가 부처님 말씀을 번역하여 출간할 수 있게 된 배경에는 너무나 많은 분들의 은혜가 있었습니다. 도저히 존함들을 나열할 수 없을 정도로 많습니다. 다음 분들에게 특히 많은 은혜를 입었습니다.
첫째 고마움은 용성스님을 비롯하여 동국역경원, 불교진흥원을 비롯하여 많은 불경 번역가들에게 올립니다. 중국 스님들조차 제대로 읽지 못하는 고대 중국 한어 금강경을 선배 번역가들이 번역해 주지 않았더라면, 번역을 시도조차 못했을 것입니다.
둘째 고마움은 안형관 선배님과 강수균 선배님을 비롯한 화화회(화엄경과 화이트헤드를 연구하는 모임) 회원들에게 올립니다. 10여 년에 걸쳐 매주 몇 시간씩 원고를 교정해 주고 가르쳐 주신 두 분 선배님과 강태진, 전영숙, 김정자,

김정옥, 정희교 선생님 등 수많은 회원님들에게 깊은 감사를 드립니다.

셋째 고마움은 무비스님께 올립니다. 천진난만하시며(?), 대자대비에도 걸리지 않으시는 '살아계시는 대 성현의 모습'을 보여 주시고, 자상한 가르침을 베풀어 주셨습니다. 또 영어금강경을 포기할 즈음에 용기와 희망을 주시고 영어금강경 부분의 감수까지 맡아주신 중앙승가대학의 미산스님, 팔공산 청안사 인성스님, 워싱턴 시애틀 정각사의 정업스님, 안성 도피안사의 송암스님, 경산 경북불교대학의 돈관스님, 운문승가대학의 일진스님께서도 많은 격려와 질타를 해 주셨습니다.

넷째 고마움은 법륜불자 교수회 회원님들께 올립니다. 많은 격려와 잔인무도한(?) 질책을 해주셨습니다. 특히 김남경 교수님과 김철수 교수님께서 많은 도움을 주셨습니다. 출간을 허락해 준 출판사에도 깊은 감사를 드립니다. 그리고 법륜불자교수회 공식 경전인 "한글세대를 위한 독송용 ①지장경, ②관음경, ③불유교경, ④백팔대참회문, ⑤금강경, ⑥아미타경, ⑦보현행원품, ⑧예불문(천

수경), ⑨ 일반법회, ⑩ 매일법회"(모두 무비 · 조현춘 공역)에 대해서도 계속적인 관심과 사랑을 부탁드립니다. 고대 중국 한어 법회에서 벗어나 한글다운 한글로 된 법요집으로 법회를 하고자 하시는 사찰이나 신행단체 혹은 신도님들에게는 열과 성을 다해 법요집을 준비해 드리겠습니다. 모두 모두 부처님 되십시오.

대심 조현춘(011-809-5202) 합장

대심 거사大心 居士 조현춘

· 경북대학교 심리학과 교수

· 법륜불자교수회 명예회장

· 화엄경과 화이트헤드연구회 회장

· www-2.knu.ac.kr/~happiness 행복훈련

영어 감수_미산彌山 스님

· 중앙승가대학교 포교사회학과 교수

· 동국대학교 선학과 졸업

· 인도 뿌나대학교 석사

· 영국 옥스퍼드대학교 철학박사

· 미국 하버드대학교 세계종교연구소 선임연구원 역임

· 상도선원(02-815-3391)

한글 금강경 공역_무비無比 스님

· 조계종 교육원장 역임

· 조계종 종립 승가대학원 원장 역임

· 범어사 승가대학장

· http://cafe.daum.net.yumhwasil

★법륜불자교수회 공식 경전(무비 · 조현춘 공역)

한글세대를 위한 독송용 경전: ①지장경, ②관음경, ③불유교경,

④백팔대참회문, ⑤금강경, ⑥아미타경, ⑦보현행원품,

⑧예불문 · 천수경, ⑨일반법회, ⑩매일법회

The Diamond Sutra

초판 1쇄 발행 2007년 3월 10일 | 초판 5쇄 발행 2010년 2월 5일

역자 Hyun-Chun CHO | 펴낸이 김시열

펴낸곳 운주사 (136-036) 서울 성북구 동소문동 6가 25-1 청송빌딩 3층

전화 (02) 926-8361 | 팩스 (02) 926-8362

ISBN 978-89-5746-184-6 90220 값 4,000원

http://www.buddhabook.co.kr